GENUSS

Genieße den Moment - 77 neue Anregungen für deinen persönlichen Genuss

*mit Bonuskapitel

Inhalt

Vorwort

Nach dem Erfolg des ersten Buches sah ich mich herausgefordert ein zweites Buch zum Thema „Genuss“ zu schreiben. Schließlich möchte ich, dass viele Menschen zu Genießern werden und wünsche mir, dass wir gemeinsam einen Sinneswandel im Blick auf unser Leben schaffen.

Neulich erlebte ich einen Kenianer, der von seiner Reise vom Flughafen in Kenia über Dubai bis nach Düsseldorf berichtete. In Kenia, so sagte er, sind auf dem Flughafen alle entspannt, jeder geht gemütlich zum Check In und zu seinem Gate. Es gibt keine Rempeleien und hektisch mit Koffern vorbeisprintende Personen. Zwischenhalt in Dubai. Dasselbe Bild, alle sind entspannt und gehen ihres Wegs ohne große Aufregung. Landung in Düsseldorf. Drängelei, Rempelei, unfreundliche Menschen, hektische Menschen soweit das Auge reicht.

So werden wir Deutschen in der Welt wahrgenommen. Wir haben viel gute Seiten. Wir sind korrekt, ordentlich, sauber und zuverlässig. Das schätzt man an uns. Aber gleichzeitig haben wir es oft nicht gelernt im Augenblick zu leben, den Moment zu genießen, oder einfach mal zu sein. Gerade wenn wir im Arbeitsmodus sind. Aber leider auch im Freizeitmodus sind viele hektisch und unausgeglichen.

Bei einem Tauchgang mit einer Gruppe in Kroatien sagte der Tauchlehrer auf einmal zu uns: „Entspannt euch mal. Ihr seid hier im Urlaub." Da erst merkte ich, wie die ganze Gruppe schon wieder in Aufruhr wahr und keiner wirklich die Vorfreude auf den Tauchgang genießen konnte. Wir sind in Gedanken oft nicht bereit, den Augenblick richtig zu fühlen und das Schöne daran zu genießen. Ich möchte daher mit diesem Buch einen Aufruf starten, an jeden Leser. Lebe im Moment! Genieße dein Leben! Die folgenden Anregungen sollen dabei helfen.

Ich habe sie kurz und knappgehalten, damit Sie ein Kapitel morgens als Start in den Tag lesen können und den Inhalt im Verlauf des Tages weiter gedanklich bewegen können. Viel Spaß bei der Genusslektüre.

1. Genieße den Augenblick

Das ist leichter gesagt als getan. In meinem letzten Buch „Genussmensch“ ging es bereits immer mal wieder darum, wie ich Vergangenheit und Zukunft genießen kann, ohne dass sie meinen Alltag bestimmen. Wir sind gerne in Gedanken bei dem, was gestern war. Dieser hat uns mit seinen Worten verletzt und jener wollte sich doch eigentlich melden, hat er aber nicht. Eine typische Aussage ist: „Das, was du damals zu mir gesagt hast, werde ich dir niemals verzeihen.“ Warum tragen Menschen solche

Verletzungen so lange mit sich herum? Warum verheilen solche Wunden oft nicht?

Ich denke, das Problem liegt in unserem Umgang mit der Vergangenheit. Wenn jemand nicht bereit ist, im Hier und Jetzt zu leben und alte Wunden heilen zu lassen, werden die Narben immer wieder aufreißen. Wenn sich jemand z.B. nicht mit einem älteren Menschen ausgesöhnt hat und dieser stirbt dann plötzlich, wie soll sich diese Wunde dann schließen? Es gibt ja keine Möglichkeit mehr darüber zu reden. Da kann es nur einen Weg geben. Ich muss meinen Frieden mit der Sache machen. Ich muss mich selbst mit dieser Person gedanklich versöhnen, auch wenn es einseitig bleibt. Es geht darum sich frei zu machen von der eigenen, manchmal schweren, Vergangenheit.

Nur so lässt sich der Augenblick genießen. Nur so können wir ganz im Moment leben.

Ein anderes Problem sind Zukunftsängste. Dabei geht es nicht um Existenzängste. Selbst das Meeting am nächsten Mittwoch mit den Kollegen kann mir den Augenblick verderben und meine Gedanken bestimmen. Während meine Kinder vielleicht gerade einen Käfer inspizieren und dann sagen: „Papa schau mal, was ist das für ein Käfer?“, bin ich in Gedanken mit der Einkaufsliste, der Arbeit oder anderweitigen Sorgen beschäftigt und dadurch überhaupt nicht bereit, mich auf dem Spielplatz in diesem Moment mit den Fragen meiner Kinder zu beschäftigen. Ich sehe weder, wie die Sonne scheint, noch nehme ich das Singen der Vögel oder das Lachen der Kinder wirklich wahr. Wer hat diesen Satz nicht schon zu seinen Kindern gesagt: „Lass Papa/Mama mal, ich muss mich konzentrieren, telefonieren, nachdenken.“

Manchmal geht es sicher nicht anders. Es fällt uns schwer Vergangenheit und Zukunft zugunsten des Hier und Jetzt auszublenden und ganz da zu sein, wo wir gerade sind.

Wir müssen eine bewusste Entscheidung treffen. Anders wird es schwierig. Wenn wir sagen: „Ich will jetzt ganz für mich, für meine Kinder, meine Frau, meinen Mann da sein.“, sind wir auf einem guten Weg Genießer des Augenblicks zu werden und ganz im Hier und Jetzt zu leben. Schließen Sie bewusst mit dem „Gedankenkarussel“ ab und entscheiden Sie sich dafür, den Augenblick zu genießen.

2. Genieße Aufmerksamkeit

„Glück entsteht oft durch Aufmerksamkeit in kleinen Dingen, Unglück oft durch Vernachlässigung kleiner Dinge.“ Wilhelm Busch

„Ein Mensch ohne Aufmerksamkeit ist gar nicht geeignet, in der Welt zu leben.“ Philip Dormer

Stanhope Lord Chesterfield (Englischer Staatsmann)

Das Lexikon sagt, „Aufmerksamkeit ist die Zuweisung von beschränkten Bewusstseinsressourcen…auf Wahrnehmungen der Umwelt oder des eigenen Verhaltens…als Maß gilt die Konzentration.“ (Quelle: Wikipedia)

Wann haben Sie sich zuletzt bewusst auf etwas konzentriert? Natürlich. Das tun Sie ja gerade. Sie konzentrieren sich auf die Zeilen dieses Buches. Oder schauen Sie noch nebenbei fern und essen etwas, während Sie diese Zeilen lesen? Multitasking. Ein geflügeltes Wort in diesen Zeiten.

Wenn jemand multitaskingfähig ist, ist er in der Lage mehrere Dinge gleichzeitig aufmerksam zu erledigen, z.B. Kaffee zubereiten und zugleich die Zeitung lesen oder telefonieren und das Kleinkind nebenbei wickeln. Forschungen haben aber erwiesen, dass es nur bei bestimmten niederschwelligen Tätigkeiten ein scheinbares Multitasking gibt. Tatsächlich sind weder Frauen noch Männer besonders gut darin mehrere Dinge zugleich zu tun.

Wenn ich hin und wieder abends mit dem Tablet vor dem Fernseher sitze, merke ich genau wie die Aufmerksamkeit von dem einen zum anderen springt. So richtig bekomme ich es nicht hin das Programm im TV zu verfolgen, wenn ich nebenbei in einem Forum Texte lese oder schreibe. Außerdem nimmt die Qualität beider Aktivitäten ab. Wer im Auto am Handy spielt merkt schnell, wie er die Aufmerksamkeit zum Vordermann verliert und vielleicht spät bremst oder viele Fehler beim Nachrichtenschreiben macht.

Mancher wird jetzt denken, dass er das bisher immer gut hinbekommen hat oder z.B. im Auto auch Musik hört und dabei fährt. Das geht gut. Andererseits nur solange, bis man in der Innenstadt auf Parkplatzsuche ist. Auf einmal dreht man das Radio doch leiser, oder? Musikhören und am Rechner arbeiten geht tatsächlich ganz gut, wenn die Musik angenehm im Hintergrund säuselt, kann sie die Konzentration auch unterstützen, aber das sind Ausnahmefälle, bei denen zwei Aufgaben (zuhören und schreiben) problemlos nebeneinander laufen. Sobald ich um ein Problem telefoniere und versuche ein anderes per Mail parallel zu lösen, werde ich merken, dass das nur nacheinander geht.

Mein Apell lautet daher, machen Sie nur eine Sache und seien Sie ganz dabei. Das steigert die Lebensqualität. An den Abend, an dem ich drei Dinge gleichzeitig gemacht habe, werde ich mich nicht lange erinnern. Wenn ich aber vor dem Kamin saß und dabei mit einem lieben Menschen erzählt habe, ohne Ablenkung, werde ich sicher noch Tage danach wissen, worum es bei dem Gespräch ging. Genießen Sie es einer Sache die volle Konzentration zu widmen. Wenn Sie durch die Stadt laufen, nehmen Sie mit allen Sinnen wahr, was Sie umgibt, statt wie ein „Smombie“ (Jugendwort des Jahres 2015, abgek. „Smartphonezombie“) auf Ihr Handy zu starren und vor die Laterne zu laufen.

Ich persönlich glaube auch, dass die sooft beschriebene Überlastung der Menschen heutzutage (Stichwort: Burnout) auch daher rührt, dass wir es verlernt haben einfach nur mit einer Sache beschäftigt zu sein und nach einer Phase der Konzentration dann eine Weile abzuschalten, ohne Smartphone, sondern vielleicht mit einer Tasse Tee vor dem Fenster oder auf der Couch mit geschlossenen Augen.

Genießen Sie es, Ihre volle Aufmerksamkeit einer Sache zu widmen, die es wert ist.

3. Genieße Veränderung

„Man muß sich immerfort verändern, erneuern, verjüngen, um nicht zu verstocken.“ Johann Wolfgang von Goethe

Hinter mir liegt ein Jahr voller Veränderungen. Im Jahr 2016 veröffentlichte ich mein erstes Buch und durfte erleben, wie einen das Autorendasein persönlich, aber auch in der Wahrnehmung der anderen Menschen verändert. „Was, du hast ein Buch geschrieben? Ja, klar.“ Von Misstrauen über Bewunderung bis Ignoranz war alles dabei.

Dann, auf dem Weg in unseren Urlaub ging unser Auto kaputt. Eine Reparatur lohnte sich nicht, so dass ich mich auf die Suche nach einem anderen fahrbaren Untersatz machen musste. Wenn ich zurückdenke waren das viele ungewisse Stunden und auch viel Aufwand. Nicht zu vergessen die Kosten, die eine solche Veränderung in der Regel mit sich bringt. Dennoch bin ich froh und dankbar, auch diese Herausforderung gemeistert zu haben. Schließlich gehört der Umgang mit findigen Gebrauchtwagenhändlern und Werkstätten („Das wird teuer") nicht zu den leichtesten Aufgaben.

Im Juni wurde dann unser drittes Kind geboren. Auch da gibt es in der Regel vieles vorzubereiten und anzuschaffen. In unserem Fall haben wir unsere Wohnung zum Teil renoviert und umgeräumt, um Platz für das neue, kleine Wunder zu schaffen. Auch das Auto musste sich vergrößern, insofern war unser Autodebakel zur rechten Zeit passiert. Das Kind war gerade geboren und wir begannen uns aneinander zu gewöhnen (und an schlaflose Nächte), da kam die nächste Veränderung.

Vor über einem Jahr hatten wir uns einen hübschen, kleinen Garten gepachtet. Mit einer tollen Lage und einer großen Gartenhütte mit Wohnzimmer, Küche und vollwertiger Toilette hatte uns dieser Garten sofort angesprochen. Zuerst war auch alles wie erwartet, bis auf ein paar Gartengeräte, die wir mitgekauft hatten und die sogleich bei unserer ersten Benutzung kaputt waren oder gingen. Schwamm drüber dachte ich. Als sich aber die Deckenpanelen im Bad mehr und mehr grünlich färbten und ich diese zum Teil entfernt hatte, zeigte sich die Zerstörung des Daches durch Wassereinbruch, das ich daraufhin komplett erneuern durfte. Auch hier ging viel Zeit, Schweiß und Geld rein. Erstmal ist so etwas ein Schock. Ich fühlte mich mit dem Problem alleingelassen und vom Vorbesitzer übers Ohr gehauen. Ich muss dazu sagen, dass ich zwei linke Hände habe und eben nicht sofort wusste, wie ich dieses Problem angehen sollte. Aber ich erlebte so manchen freundlichen Helfer und lernte handwerklich dieses Jahr mehr, als in all den Jahren zuvor. Das Dach ist jetzt komplett neu und endlich auch dicht. Nun überlege ich schon, ob nicht eine Dachterrasse auch noch schön wäre.

Ich genieße die Veränderungen in diesem Jahr und ich wünsche Ihnen, dass Sie das auch können. Manchmal erwarten wir diese Veränderungen nicht. Sie kommen auf uns zu und wir müssen reagieren, manchmal auch funktionieren, ob wir wollen oder nicht. Unter Umständen drängt sich eine Veränderung förmlich auf, so dass ich gar nicht anders kann, als damit umzugehen.

Wenn ich gekündigt werde, muss ich mir einen neuen Job suchen. Ich muss aktiv werden. Wenn die Tapete so alt ist, dass sie schon runterkommt, muss ich entweder einen Maler bestellen oder selbst Hand anlegen. Genießen Sie Veränderung. Das Leben ist Veränderung und nicht Stillstand. Viele Gewohnheiten, die uns lieb geworden sind, können wir natürlich auch erhalten und genießen. Aber es kommt immer wieder der Punkt, an dem Veränderungen anstehen. Gut, wenn wir uns innerlich und äußerlich, aktiv und mit Freude darauf einstellen können.

4. Genieße, was dir wichtig ist

„Eure Zeit ist begrenzt.
Vergeudet sie nicht damit,
das Leben eines anderen zu leben.
Lasst euch nicht von Dogmen einengen
- dem Resultat des Denkens anderer.
Lasst den Lärm der Stimmen anderer
nicht eure innere Stimme ersticken.
Das Wichtigste:
Folgt eurem Herzen und eurer Intuition,
sie wissen bereits,
was ihr wirklich werden wollt."

Steve Jobs

„Wenn du von deiner eigenen Arbeit zu besessen bist,
dann werde Vater oder Mutter.
Ein Kind bringt dir schnell bei, was wirklich wichtig ist im Leben:

Schnürsenkel binden zum Beispiel."

Martin Scorsese

Steve Jobs, aber auch Martin Scorsese hätten es, jeder für sich, besser nicht ausdrücken können. Es ist eben eine höchst subjektive und individuelle Angelegenheit. Was ist wirklich wichtig in meinem Leben und warum? Diese Fragen sollten wir uns immer wieder aufs Neue stellen.

Wir haben dieses Jahr zwei Verluste in der Familie zu beklagen. Zwei geliebte Menschen sind innerhalb eines Monats verstorben. Meine Großväter waren zwar schon recht alt, aber dennoch ist der Verlust schmerzlich und man denkt unweigerlich an das Leben der Verstorbenen und auch an die Dinge, die ihnen immer wichtig waren. Bei meinem einen Großvater waren es eher technische und strukturelle Dinge. Er hatte in einer Stadt gelebt und einen technischen Beruf ausgeübt. Der Andere war sehr religiös und lehrhaft, hatte seine Leben lang mit Landwirtschaft und Tieren zu tun. Er hatte andere Prioritäten.

Was ist Ihnen wirklich wichtig? Dem Applegründer Steve Jobs war es wichtig seinem Herzen zu folgen, seiner Intuition, um der zu werden, der er sein sollte. Sind Sie derjenige oder diejenige, die Sie sein sollten? Sind Sie am richtigen Platz und leben ein Leben, das zu Ihnen passt? Oder gibt es da Unstimmigkeiten? Fragen Sie Ihr Herz was wirklich wichtig in Ihrem Leben ist. Ist es Ihr Berufsleben, das was Sie leisten? Ist es Status, Besitz, Macht? Ist es die Familie, Freunde, der Partner oder Ihre Kinder? Ist es vielleicht der Glaube an Gott, politische oder ökologische Interessen?

Genießen Sie es für die Dinge einzustehen und zu kämpfen, die Ihnen wichtig sind. Worin investieren Sie in Ihrem Leben viel Zeit?

Neulich lernte ich eine Frau kennen. Sie hatte vor einiger Zeit einen großen Umbruch in ihrem Leben. Jahrelang arbeitete sie als Industriekauffrau in einem Logistikunternehmen, ein sicherer Job mit gutem Verdienst. Ehrenamtlich arbeitete sie in einer christlichen Gemeinde und hatte eine Weiterbildung für diese Arbeit gemacht. Dabei stellte sie fest, dass ihr Menschen wichtig sind und obwohl sie ihren Beruf gut machte und dabei eine große Sicherheit genoss, gab sie den Job auf und begann Psychologie zu studieren.

Aufgrund ihres Alters gab es nicht einmal „BaföG" und so muss sie mühevoll neben dem Studium für ihr Auskommen sorgen. Würde man fragen, ob diese Entscheidung richtig war, würde diese Frau zweifellos ja sagen. Sie verfolgt ein Ziel, das ihr die Möglichkeit gibt viel Zeit in das zu investieren, was ihr wichtig ist. Sie will ihre Zeit in Menschen investieren und nimmt dafür einiges in Kauf, gibt Sicherheiten und Wohlstand auf.

Was ist Ihnen wichtig? Schauen Sie in Ihr Herz und fokussieren Sie diese Dinge ganz neu! Welchen Weg müssten Sie gehen, damit diese Dinge Raum in Ihrem Leben bekommen? Was lohnt es sich aufzugeben und wofür zu kämpfen, damit Sie Ihr Ziel erreichen?

Auf der anderen Seite hilft es, wie Martin Scorsese sagt, seinen Kindern mal die Schuhe zu binden, um ein Helfer in kleinen und großen Nöten des Alltags zu sein. So bekommt man ebenfalls einen neuen Blick auf das, was wirklich zählt und entlarvt auch falsche Ziele und Wichtigkeiten, die diesen Platz in Ihrem Leben gar nicht verdienen, den sie derzeit haben.

Genießen Sie, was Ihnen wirklich wichtig ist!

5. Genieße deinen Partner

„Die eigentliche Heimat ist unser Lebenspartner.“
Erwin Koch

Lieben Sie Ihren Partner? Ich weiß, das ist eine spitzfindige Frage. Ich denke, jeder würde diese Frage erstmal bejahen und trotzdem gibt es viele Partner, die das nicht auf der richtigen Frequenz senden oder empfangen. Warum sind die Trennungszahlen seit Jahren auf einem Allzeithoch? Warum kommen viele Paare überhaupt nicht mehr auf die Idee zu heiraten? Traut man sich oder dem anderen keine dauerhafte Partnerschaft oder Liebesbeziehung mehr zu?

Natürlich gab es sie, die Paare, die unglücklich zusammenblieben, eben aus wirtschaftlichen, sozialen oder gesellschaftlichen Gründen, und das möchte ich auch nicht dabei ausblenden. Ich möchte vielmehr fragen, warum es eine große Anzahl an Partnerschaften gibt, die so gut und mit viel Empathie und Liebe gestartet sind und dann an den Herausforderungen des Lebens und Alltags zu Bruch gegangen sind.

Ich möchte fragen, wie ich meine Partnerschaft richtig genießen kann und eben nicht nur vieles erdulden oder akzeptieren muss. Ich bin überzeugt, dass der Knackpunkt dabei die Kommunikation ist.

Prof. Dr. Friedemann Schulz von Thun forschte jahrelang an dem Thema und stellt uns eine überraschende Theorie zu Seite. Jede Nachricht, die ich beispielsweise meinem Partner sende, hat vier Seiten. Sie beinhaltet eine Sachinformation, einen Appell, eine Selbstoffenbarung und eine Mitteilung auf der Beziehungsebene. Ein geflügeltes Wort dabei ist auch: „Ich kann nicht, nicht kommunizieren.“ Mit anderen Worten. Selbst wenn ich mich meinem Partner gegenüber ausschweige, kommuniziere ich mit ihm. Ich gebe damit zum Beispiel zu verstehen, dass ich gerade nicht mit ihm sprechen möchte. Das könnte auf der Beziehungsebene heißen: „Du gehst mir auf den Nerv." Es könnte aber auch eine Selbstoffenbarung sein mit der Nachricht: „Ich bin so kaputt, ich möchte gerade nicht reden." Genauso könnte es den Appell beinhalten: „Sprich mich jetzt bitte nicht an", oder „Lass mich in Ruhe, du störst." Wir sehen also, dass es neben der fehlenden Sachinformation, weil ich eben gerade nicht rede, viele Facetten gibt, die dennoch meinem Gegenüber etwas kommunizieren.

Weil richtige Kommunikation eben so schwierig ist, ist es in meinen Augen auch ein Hauptgrund für Missverständnisse in der Partnerschaft und ein häufiger Trennungsgrund. Auch wenn es oft heißt, wir haben uns auseinandergelebt oder die Liebe ist nicht mehr so wie früher.

Fragen Sie sich heute, wie und was Sie Ihrem Partner gerne kommunizieren wollen. Es kann einfach die Botschaft sein, dass Sie Ihren Partner lieben, ihn unterstützen, trösten oder für ihn da sein wollen. Vielleicht sind Sie einfach dankbar, dass Sie ihn abbekommen haben. Wenn Sie sich die Botschaft überlegt haben stellt sich die Frage, wie sie kommuniziert werden kann. Damit sie auch den richtigen Kanal trifft, also tatsächlich gehört und verstanden wird.

Ein Strauß Blumen bewirkt da manchmal mehr als tausend Worte. Aber jemand, der immer Blumen mitbringt, wenn er was ausgefressen hat, wird wiederum nicht die gewünschte Wirkung erzielen. Derjenige muss sich dann einen anderen Kommunikationsweg überlegen. Ein Beispiel wäre Lob und Anerkennung der Leistung des Partners oder Unterstützung bei Alltagsaufgaben. „Ich übernehme das heute mal Schatz.“ Genießen Sie Ihre Partnerschaft und bleiben Sie unermüdlich auf der Suche nach dem richtigen Weg, Ihre Entscheidung für Ihren Partner täglich kommunikativ zu bestätigen. Sätze wie: „Ich liebe an dir, dass…Ich schätze dich, weil…“ können nicht oft genug gesagt werden, wenn Sie von Herzen kommen.

Verbringen Sie bewusst Zeit mit Ihrem Partner und konzentrieren Sie Ihre Aufmerksamkeit ganz auf ihn. Wann haben Sie Ihren Partner zuletzt in den Arm genommen, zärtlich berührt, massiert oder einfach nur die Wange oder den Kopf gestreichelt? In Deutschland hört man oft den Satz: „Nicht gemeckert ist genug gelobt.“ So ein Quatsch! Loben Sie Ihren Partner für die Dinge, die er gut kann und die Sie beeindrucken.

Aus einem Interview mit dem Philosophen, Theologen und Schriftsteller Jostein Gaarder habe ich Folgendes zum Thema Partnerschaft behalten. Er wurde gefragt, was seiner Meinung nach eine lange und gute Partnerschaft ausmacht und er sagte zwei Dinge: Der Partner muss dein Freund sein und wichtig sei auch regelmäßiger Sex, der das i-Tüpfelchen der Freundschaft ist. An anderer Stelle erwähnte er ebenfalls die Zeit zu zweit, die er mit seiner Frau sehr schätze und gern genussvoll in Paris bei gutem Essen verbringe.

Kann es wirklich so einfach sein? Freundschaft, Sex und Zeit zu zweit?

Genießen Sie Ihre Partnerschaft und sehen Sie sie nicht als selbstverständlich, denn das ist sie nicht. Sie sind privilegiert darin, dass der Mensch an Ihrer Seite sich für Sie entschieden hat und an Ihnen festhält. Das sollten Sie nie vergessen.

6. Genieße Gewitter

„Nach einem Gewitter erscheint einem die Sonne um so vieles angenehmer als vorher.“ Verfasser unbekannt

Können Sie sich noch an Ihr letztes heftiges Gewitter erinnern? Wo waren Sie da? Vielleicht saßen Sie gerade im Auto oder schauten vom Wohnzimmer aus zu. Vielleicht waren Sie gerade im Freibad, als sich über Ihnen ein Gewitter zusammenbraute. Wenn das der Fall ist, wird es meist ernst. „Alle raus aus dem Wasser“, tönt dann der Bademeister laut. Damit es nicht gefährlich wird und vielleicht sogar der Blitz einschlägt ins Schwimmbecken, während noch Badegäste darin sind.

Zumindest zu Hause in geschützten Räumen kann ich Gewitter so richtig genießen. Licht aus und Spot an. Am Fenster stehen, während sich Naturgewalten von der Haustür austoben. Was gibt es Spannenderes? Ich weiß in diesem Moment, dass ich gerade nicht draußen irgendwo unterwegs sein möchte und weiß mich somit am richtigen Ort. Es fasziniert mich zu sehen, welche Kraft unsere Natur hat. Natürlich gibt es da noch heftigere Wetterphänomene in den USA und anderen Ländern zu sehen. Dabei kann die Faszination auch tatsächlich lebensgefährlich werden, wenn der Tornado mein Hausdach mitnimmt oder Kühe und Traktoren an meinem Fenster vorbeifliegen.

Genießen Sie die Größe und die Macht der Natur. Vor einigen Jahren, als der Sturm „Kyrill" sein Unwesen trieb, saß ich zu Hause an meinem Küchentisch und beobachtete die Naturgewalten aus nächster Nähe. Im Wald vor unserer Haustür waren dicke Bäume wie Streichhölzer umgeknickt und lagen kreuz und quer auf den Wegen. Als Mensch werde ich dabei erinnert, dass ich im Vergleich dazu mit meiner Kraft nur ein Windhauch bin und das ist doch auch irgendwie befreiend. Oder was erwarten Sie im Normalfall von einem Windhauch?

Wenn das Gewitter vorbei ist und die Luft wieder klar und rein, gehe ich gerne nach draußen und genieße die frische Atmosphäre und dieses „es ist zu Ende und ich habe es heil überstanden"-Gefühl. Nehmen Sie das Gewitter als Bild für das Leben. Es gibt Zeiten, in denen wird es auch bei Ihnen turbulent und ganz schön wild. Aber auch diese Zeiten haben einen Anfang und ein Ende. Und hinterher ist die Luft meist klarer als vorher. Das ist doch auch irgendwie heilsam, oder?

7. Genieße dein Fan-Sein

„Ole, Ole, Ole, Ole, we are the Champions, Ole!!!“ unbekannt

„In meiner Kindheit war ich mal Bayern-Fan. Aber diese Phase macht wohl jeder durch. So was legt sich.“ Andreas Görlitz

„Joa, das sind eben die Fans, die freuen sich halt.“ Lukas Podolski

Es war das Jahr 1995. Dortmund wurde deutscher Fußballmeister. Ich war damals 12 Jahre alt und wurde von der Fußballwelle einfach überrollt. Wir hatten BVB Schals, Trikots und Mützen und feierten den BVB. Auch als er im darauffolgenden Jahr noch einmal Meister wurde.

Das ist alles über zwanzig Jahre her und meine Fanartikel verstauben seitdem schon lange im Schrank. Ich bin also kein treuer Fan geblieben, der mit seinem Verein durch dick und dünn geht. Ich habe auch nie so nah an Dortmund gewohnt, dass ich zu den Spielen hätte fahren können. Aber das ist einem echten Fan natürlich egal. Der nimmt alles in Kauf, um seine Lieblingsmannschaft zu unterstützen.

Manchmal begeistert uns ein Sportler, ein Künstler, ein Musiker oder vielleicht auch ein Politiker und wir werden Fans. Manchmal ist es der eigene Opa, eine Raumfahrtmission oder ein Computerspiel und wir sind hin und weg von dieser Person oder Sache. Ein gutes Buch oder eine Fernsehsendung kann uns genauso als Fan gewinnen, wie eine bestimmte Automarke oder schicke Schuhe. Genießen Sie Ihr Fan-sein und das, was Sie mit dieser Sache oder Person verbindet. Mit Stolz trage ich z.B. zurzeit mein Schottland T-Shirt. Ich liebe dieses Land, seine

Bräuche, Kultur, Tradition uvm. Ich bin ein Fan geworden. Ich beschäftige mich gerne damit und freue mich daran. Freuen kann man sich in der Regel besonders gut als Fan und genau dazu möchte ich Sie heute ermutigen. Genießen Sie die Freude an dem, was Sie so begeistert, egal ob es ein Fußballverein oder die eigene Oma ist. Genießen Sie das Fan-Sein.

8. Genieße Sport

„Für manchen Zeitgenossen ist es schon Sport, Euro-Münzen in den Zigarettenautomaten zu wuchten ...“ Wolfgang Reus

„Sport kann beim Menschen einen Rausch im Sinne einer ekstatischen Begeisterung auslösen. Der Wunsch nach diesem Glücksgefühl wird für manche quasi suchtartig.“ Günther Bäumler

Sport ist Mord. So sagte mein Vater früher öfters. So ganz unrecht hatte er damit nicht. Es gibt sie natürlich, die Freizeit- und auch Profi-Sportler, die es übertreiben. Beim Fußball voller Einsatz, ein falscher Tritt und schon geht's zur Meniskus OP ins Krankenhaus. Beim Basketball mal hoch zum Korb gesprungen und falsch aufgekommen. Schon geht's für einige Wochen in die Reha. Ganz zu schweigen von Extremsportarten, die heute von immer mehr Adrenalinjunkies betrieben werden und nicht selten auch zum Ableben führen. Denn wer vom Hausdach springt, braucht nicht nur Erfahrung und einen verlässlichen Fallschirm, sondern auch ein Quäntchen Glück, unten unversehrt und sicher zu landen. Außerdem ist so etwas in der Regel kein Sport, bei dem die Kondition und Gesundheit verbessert wird. Da geht es mehr um den kurzen Kick, der immer wieder gesucht wird. Es ist wie eine Droge.

Dagegen gibt es Ausdauersportarten wie Schwimmen, Laufen oder Radfahren, die z.T. gelenkschonend sind, die Kondition fördern, gleichmäßige Bewegungsabläufe beinhalten und oft an der frischen Luft stattfinden. Solche Sportarten werden von vielen belächelt, sind aber letztlich für den Körper und die Gesundheit optimal. Das Verletzungsrisiko ist niedrig. Das Risiko von Herz-Kreislauferkrankungen wird verringert und man fühlt sich einfach wohler in seiner Haut. Beim Treppensteigen oder Möbelwuchten kommt man nicht so schnell außer Atmen und ist generell fitter unterwegs. Natürlich ist da immer noch der innere Schweinehund, der einen nach der Arbeit auf die Couch fesseln will. Und die allgemeine Trägheit und Müdigkeit des Tages, die einen bequem auf ein Sitzmöbel sinken lässt. Aber jeder, der mal bewusst die Entscheidung getroffen hat: „Heute mache ich noch was!“, hat es selten bereut.

Genießen Sie Sport, denn der Mensch ist dazu gemacht. Wenn wir uns nicht bewegen verkümmert die Muskulatur und wir werden irgendwann träge, übergewichtig und krank. Eigentlich müsste jeder am Tag ca. 10000 Schritte gehen, aber unsere Strukturen mit Auto, öffentlichen Verkehrsmitteln und Büroarbeitsplatz verhindern das oft zuverlässig.

Ich habe es mir zur Regel gemacht, mindestens einmal die Woche so richtig ins Schwitzen zu kommen. Egal ob Tischtennis im Verein, Joggen durch den Wald, eine ausgedehnte Fahrradrunde oder einige Bahnen im Schwimmbad. Es braucht einen Ausgleich zur sitzenden Tätigkeit. Zusätzlich versuche ich noch Wege, die ich sowieso erledigen muss mit dem Fahrrad oder gleich zu Fuß zu erledigen. So kommt auf das „Schrittekonto“ noch einiges hinzu und an der frischen Luft fühlt man sich auch gleich wohler.

Um es noch einmal zu sagen, Sie müssen kein Fitnessjunkie werden. Im Gegenteil. Ich glaube gemäßigte Bewegung, gern auch im Schritttempo, reicht vollkommen aus. Besser 40km gewandert, als nach 20km im Vollgastempo zu Tode gelaufen. Hier geht es, wie in allen Lebensbereichen, um die Balance und das richtige Maß. Genießen Sie gesunde Bewegung und nehmen Sie sich dafür Zeit. Sie werden es nicht bereuen und im Nachhinein davon profitieren. Genießen Sie Sport, denn in einem gesunden Körper steckt auch ein gesunder Geist.

9. Genieße Spaß und Freude

„Alle Tiere wissen es, nur der Mensch nicht, daß das höchste Lebensziel Freude ist.“ Samuel Butler der Ältere

Haben Sie schon mal junge Kälber auf der Weide beobachtet? Anfangs stehen sie noch wackelig auf ihren Beinen. Aber wenn die

Körperkoordination gut klappt sieht man sie oft in die Luft hüpfen. Dabei versuchen sie nicht etwa jemanden zu beeindrucken oder Fliegen zu verscheuchen. Es ist die reine Lebensfreude. Das lässt sich übrigens auch bei anderen Tierarten beobachten. Auch kleine Kinder hüpfen und springen wild, lassen sich auf den Boden fallen und stehen wieder auf. Lebensfreude pur. Wenn wir älter werden wird uns sowas peinlich. Wir drücken unsere Freude durch ein leichtes Schmunzeln oder gar durch einen ausufernden Lachanfall aus. Ich glaube wer keine Freude mehr in seinem Leben hat ist wirklich ein armer Tropf. Wenn das Leben nur aus Pflichterfüllung, Druck und Ängsten besteht, verlieren wir gern die Lebenslust und verkümmern innerlich und äußerlich. Das sieht man dem Gegenüber auch an. Manchmal an den Gesichtsausdrücken oder auch der Humorlosigkeit einiger Zeitgenossen.

Was macht Ihnen Freude? Ich meine echte Freude die nachhaltig ist. Mein Bruder spielt leidenschaftlich gern Fußball. Natürlich macht es ihm auch Spaß im Fernsehen oder Stadion den Profis dabei zuzusehen. Aber echte Freude hat er, wenn er selbst spielt und bestenfalls gewinnt. Ich lese gern und viel, gern mehrere Bücher im Monat. Aber richtig Freude macht es mir selbst zu schreiben und damit andere Menschen zu erreichen.

Was macht Ihnen Freude? Vielleicht sind Sie handwerklich begabt und es macht Ihnen Freude etwas zu bauen oder zu reparieren. Oder Sie machen Musik in einer Band oder einem Chor. Vielleicht gehen Sie in einen Sportverein oder Sie reden gerne vor Menschen, stehen gern auf einer Bühne oder Sie bringen anderen gerne etwas bei. Vielleicht sind Sie sehr hilfsbereit und es macht Ihnen Freude zu sehen, wenn anderen dadurch geholfen ist. Vielleicht sind Sie auch sehr begeisterungsfähig und teilen gerne die Dinge mit anderen Menschen, die Sie total begeistern können.

Genießen Sie die Dinge, die Ihnen Freude machen und investieren Sie Zeit dafür. Das macht das Leben lebenswert.

10. Genieße Kommunikation

„Die Kunst richtig miteinander zu kommunizieren ist wie laufen lernen man fällt so oft auf die Nase bis man liebevoll an der Hand genommen wird.“ Wilma Eudenbach (deutsche Publizistin)

Hatten Sie schon mal das Gefühl mit jemanden zu reden, der zwar deutsch, aber dennoch nicht die gleiche Sprache spricht wie Sie?

Laut Kommunikationswissenschaftler Friedemann Schulz von Thun gibt es vier Seiten einer Nachricht und acht verschiedene Kommunikationsstile. Mit anderen Worten, die

Wahrscheinlichkeit, dass meine Botschaft beim Gegenüber so ankommt, wie ich sie gemeint habe, ist sehr gering.

Das wird natürlich noch verstärkt durch die moderne Kommunikation via Facebook, Foren und Chatting Apps. Hier sollen Emoticons verdeutlichen, wie eine Nachricht gemeint ist. Denn Stimmungen und Gefühle können wir sonst natürlich beim Gegenüber nicht wahrnehmen, wenn wir nur einen Text am Handy eintippen oder lesen.

Wenn wir uns bewusstwerden, wie hoch die Wahrscheinlichkeit ist falsch verstanden zu werden, können wir wohlmöglich barmherziger mit unseren Mitmenschen werden. Viele sind da sicher schon auf einem guten Weg.

Ein Beispiel. Auf einer Party sagt der Gastgeber auf einmal: „Wie lange wollt ihr noch bleiben?“

Der eine versteht darunter einen Aufruf sofort seinen Hut zu nehmen. Der andere nimmt die Frage sachlich und gibt als Selbstkundgabe preis, er wollte noch bis Mitternacht bleiben. Der Nächste empfindet vielleicht eine Angst beim Gastgeber, zu früh allein dazusitzen, wenn alle Gäste schon wieder gegangen sind.

Natürlich haben wir eine Antenne für die Situation und merken oftmals aufgrund der Sachlage (es ist schon sehr spät geworden oder das Bier ist alle) wie es gemeint sein muss. Auch der Gesichtsausdruck und eine dazu passende Geste kann hilfreich sein, die Botschaft richtig zu verstehen. Aber oft genug geht Kommunikation dennoch daneben.

So oder so sind wir als Beziehungswesen darauf angewiesen zu kommunizieren. Wir leben davon. Darum genießen Sie die Kommunikation und Beziehungspflege mit anderen Menschen. Es gibt letztlich nichts Entscheidenderes im Leben.

Beziehungen sind das A und O. Und diese leben davon, dass wir uns irgendwie verstehen, senden und empfangen. Gefühle, Stimmungen, Meinungen, Überzeugungen. Wenn wir uns verstanden fühlen, manchmal von einem wildfremden Menschen, kann uns das den Tag retten.

Es gibt Menschen, die bewusst mit Sprache, Ironie und Ausdrucksformen spielen um besser verstanden zu werden. Ein Zeitungsjournalist kann nur mit Worten auf Papier seine Botschaft zum Ausdruck bringen. Wenn wir uns angewöhnen auf unseren Ausdruck zu achten und präzise zu beschreiben, was wir wirklich sagen wollen, lernen wir Kommunikation so richtig zu genießen. Der Schatz der deutschen Sprache hält dabei viele Möglichkeiten für uns bereit. Wie schwierig es sein kann sich auszudrücken weiß jeder, der mal im Ausland mit ein paar Brocken der Fremdsprache versucht hat, über das Fragen nach dem richtigen Weg zur

Sehenswürdigkeit hinaus, ein Gespräch zu führen. Wie schnell fehlen einem da die Worte und man versucht mit Umschreibungen, Händen und Füßen zu erklären, was man sagen möchte.

Genießen Sie es sich immer präziser und besser auszudrücken und das Gefühl vom Gegenüber verstanden zu werden. Denn Leben ist Kommunikation.

11. Genieße Konflikte

„Du hast die Konflikte nicht im Griff, solange sie dich im Griff haben." Michael Marie Jung

Das Zitat von Herrn Jung klingt vielleicht ein wenig altklug. Nur wie bekommt man seine Konflikte in den Griff und kann man solche Lebenssituationen überhaupt genießen?

Vor einiger Zeit durfte ich ein Seminar zum Thema Konfliktlösung besuchen. Der Anlass war letztlich auch ein persönlicher Konflikt in meinem Arbeitsumfeld, der sich unmerklich aufgeschaukelt hatte und schwer lösbar schien, weil beide Parteien nicht an einen Tisch zu bekommen waren. Es war ein intensives Seminar mit viel praktischer Übung bei dem ich eine wichtige Tatsache mitgenommen habe.

Konflikte sind Spannungen, die aus unterschiedlichen Interessen und Bedürfnissen mehrerer Parteien oder Personen entstehen. Es handelt sich dabei oftmals um Bedürfnisse wie Anerkennung, wahrgenommen werden wollen oder gesehen werden wollen. Leider wird der Konflikt aber dann häufig auf einer Ebene ausgetragen, die nur bedingt mit dem eigentlichen Konfliktthema zu tun haben und dadurch wird eine Lösung sehr erschwert.

Nehmen wir an, Frau Meyer fühlt sich von ihrem Kollegen im Büro nicht wahrgenommen oder beachtet. Das äußert sich für sie in einer permanenten Unachtsamkeit bezüglich ihrer Person und Bedürfnisse. Wenn Herr Schmidt den Raum betritt öffnet er zuerst das Fenster, weil er die trockene Heizungsluft nicht mag. Frau Meyer sitzt aber genau am Fenster und bekommt nun Zugluft. Sie schließt irgendwann genervt das Fenster. Außerdem reden die beiden nur das Nötigste miteinander. Herr Schmidt vergisst auch oft den Drucker auszuschalten und die Türen richtig zu schließen, wenn er den Raum verlässt. Irgendwann platzt die Bombe, und der bisher untergründig schwelende Konflikt wird lautstark im Büro ausgetragen. Dabei wird Frau Meyer laut und ein Vorwurf folgt auf den anderen. Schließlich rennt Frau Meyer entnervt zum Büro des Chefs um sich zu beschweren.

Bei einem darauffolgenden Gespräch zu dritt mit dem Chef werden alle Dinge aufgezählt wie das offene Fenster, der laufende Drucker und die nicht geschlossene Tür, ohne auf das eigentliche Thema einzugehen.

Der Chef bemerkt aber den Unmut seiner Mitarbeiterin und fragt sie: „Frau Meyer, stimmt es, wenn ich sage, Sie fühlen sich in Ihren Bedürfnissen nicht von Herrn Schmidt wahrgenommen?“ Sie überlegt kurz und erwidert mit: „Ja, Ich habe ich schon zigmal gesagt, er möchte doch bitte die Tür schließen oder das Fenster nicht so weit öffnen, wenn er den Raum betritt, weil es mich dann friert. Aber er ignoriert mich einfach.“

Kaum jemand spricht offen und ehrlich über seine Bedürfnisse wie „sich anerkannt fühlen wollen“ oder „wahrgenommen werden wollen“, weil man sich damit natürlich verletzlich macht. Der andere könnte ja sagen: „Es ist mir egal, was du brauchst oder wie du dich fühlst.“ Auch wenn die wenigsten Menschen so reagieren würden, ist die

Angst davor, bewusst verletzt zu werden größer, sodass wir lieber schweigen, mit Dritten darüber reden oder uns bei Nichtigkeiten aufhalten, die nur an der Oberfläche des Konfliktes kratzen.

Gehen Sie den Konflikten Ihres Lebens nicht aus dem Weg. Denn dadurch kommt es zu keiner Klärung und Sie werden gelähmt in Ihrer Beziehung zum Konfliktpartner. Genießen Sie es stattdessen mit offenen Karten zu spielen und Klartext zu sprechen. Nehmen Sie die Absichten und Interessen des Gegenübers wahr und kommunizieren Sie, was Sie denken und fühlen. Fragen Sie Ihr Gegenüber ganz konkret, ob Es sich nicht wahrgenommen fühlt, seine Bedürfnisse nicht erfüllt sieht oder enttäuscht ist. Überlegen Sie dann, ob und wie Sie ihm entgegenkommen wollen oder können. Dabei ist es wichtig klar zu bleiben. Wenn Sie die Erwartungen Ihres Gegenübers nicht erfüllen können oder wollen, sprechen Sie es aus ohne sich lange zu rechtfertigen. Wenn Klarheit geschaffen ist, ist längst nicht jeder Konflikt gelöst. Aber jeder weiß, woran er ist. Genießen Sie diese Möglichkeit aufeinander zuzugehen. Nichts ist tragischer als Funkstille, böse Blicke und Getratsche über den Konflikt mit dritten. Genießen Sie Konfliktlösung in zwischenmenschlichen Beziehungen. Es ist wie nach einem Gewitter. Wenn es ordentlich gestürmt hat, ist die Luft wieder klar und rein.

Zuletzt möchte ich nicht unerwähnt lassen, dass es auch auf Ihren Konfliktpartner ankommt wie die Sache ausgeht. Wenn Ihr Gegenüber nicht gesprächsbereit oder lösungsorientiert denkt, kann es schwierig sein zu einer Lösung zu kommen. In diesem Fall schließen Sie den Konflikt für sich ab. „Ich habe getan, was ich konnte. Ich bin so weit entgegengekommen. Nun muss der andere den nächsten Schritt machen." Bleiben Sie hier bei sich. Sie sind nur Ihrem eigenen Gewissen Rechenschaft schuldig. Nicht dem des anderen.

12. Genieße Gruppenerfahrungen

In meinem Beruf habe ich das Privileg, öfters neue Menschen kennenzulernen und in neue Gruppen einzutauchen. Sei es bei Tagungen, Weiterbildungen oder anderen Gelegenheiten. Zuletzt durfte ich mich mit dem Thema „Spiritualität in der Erlebnispädagogik“ in einer mir vorher unbekannten Gruppen beschäftigen. Ich möchte gar nicht weiter auf die Inhalte eingehen. Vielmehr ist es mir wichtig zu sagen, dass ich jedes Mal in einer neuen Gruppe interessante Menschen kennenlernen durfte und egal ob jung oder alt, es war immer ein Gewinn für mich. Mal sitzt man am Tisch zum Essen und unterhält sich über Politik, persönliche Schicksale oder besondere Erlebnisse. Ein andermal findet man neue Freunde oder lernt Menschen kennen, die so anders denken als man selbst, dass es viel Toleranz und manche Überwindung braucht, um das Neue, Andersartige an sich heran zu lassen. Ich möchte Ihnen Mut machen, sich auf das Neue einzulassen.

In Gruppen gibt es immer eine eigene Dynamik. Wenn eine bunt zusammengewürfelte Gruppe eine Aufgabe erfüllen soll, wird sich schnell herauskristallisieren, welche Charaktere diese beinhaltet. Einer oder eine ergreift meist schnell das Wort und macht einen Vorschlag wie die Aufgabe zu lösen sei. Andere halten sich eher zurück und warten ab was passiert und welche Rolle sie dabei einnehmen werden.

Das ist eine große Chance sich selbst besser kennenzulernen und sich spiegeln zu lassen wie man auf andere Menschen wirkt, die einen vielleicht nicht oder zumindest noch nicht lange kennen. Genießen Sie es in neue Gruppen einzutauchen.

13. Genieße deine Gelegenheiten

„Man muss das Eisen schmieden, solange es heiß ist.“ Ovid, römischer Epiker

„Der Weise weiß, daß der Leitstern der Klugheit darin besteht, daß man sich nach der Gelegenheit richtet.“ Baltasar Gracián y Morales

Gelegenheit macht Diebe. Das war der erst Spruch, der mir zum Thema „Gelegenheiten“ in den Sinn kam. Als ich kurz darüber nachdachte wurde mir klar, dass es tatsächlich für viele Menschen eine moralische Prüfung ist, wenn sie eine Brieftasche auf dem Boden in der Fußgängerzone finden. Nehmen wir an, dass darin viel Bargeld enthalten ist. Jetzt kann der Finder die Brieftasche wie sie ist im Fundbüro abgeben oder einfach das Geld rausnehmen. Gelegenheit ist also auch manchmal Versuchung. Gleichzeitig ist Gelegenheit immer eine Chance zum Guten die wir nutzen können. Ich möchte die wirklich positiven und einzigartigen Vorteile unserer Gelegenheiten betonen die wir genießen sollten.

Ein guter Schulfreund von mir lernte eine Frau auf einem Internetportal kennen. Sie trafen sich ohne viel voneinander zu wissen. Als er sie näher kennenlernte durfte er feststellen, dass sie nicht nur sehr reizend und umgänglich war, sondern dazu noch sehr solvent. Wo er vorher bei Beziehungen noch recht vorsichtig war, hielt er bald um ihre Hand an und heiratete schon nach relativ kurzer Zeit. Ihr erster gemeinsamer Sohn ist auch bereits geboren. Im Nachhinein betrachtet muss man sagen, er hat diese Gelegenheit einfach gut genutzt und war entscheidungsfreudig. Das ist ein großer Vorteil, wenn wir Gelegenheiten nicht verstreichen lassen und später bereuen müssen, was wir verpasst haben.

In der Rückschau werden uns immer Gelegenheiten einfallen, die wir gut genutzt und welche, die wir leider verstreichen lassen haben. Manchmal empfinden wir dies schlimmer, manchmal ist es uns auch nicht so wichtig.

Von dem Rapper Cro gibt es das Lied „Bye bye". Darin beschreibt er den Moment, bei dem er eine hübsche Frau in der Bahn getroffen hat, sich dann aber nicht traute sie anzusprechen, als sie sich neben ihn setzte. Wer kennt solche Gelegenheiten nicht. Hinterher weiß man immer, wie man es hätte machen können, was man hätte sagen können, wenn man nur den Mut dazu gehabt hätte. Wenn das kleine Wörtchen „wenn" nicht wäre. Bye bye meine Liebe des Lebens, so hart kann sich eine verpasste Gelegenheit anfühlen.

Ich hätte nach dem Abitur die Gelegenheit gehabt ein Freiwilliges soziales Jahr in Südafrika zu machen. Die Organisation gefiel mir und ich war kurz davor zu unterschreiben. Aber die

Unterstützung aus dem Elternhaus fehlte mir (da gibt's so viel Aids) und ich wollte zu der Zeit nicht gegen den Willen meiner Eltern losziehen. So habe ich mich für einen Zivildienst in der Nähe entschieden. Es war definitiv auch eine gute Erfahrung. Ich durfte mit Schwerbehinderten arbeiten und sehen, was für tolle, fröhliche Menschen das sind. Oftmals sehe ich dennoch die verpasste Chance und weiß auch, dass diese Gelegenheit mit Beruf und Familie im Schlepptau nicht wiederkommt. Ein FSJ macht man meist eben nur in einem bestimmten Alter.

Wir bekommen im Leben nicht alle dieselben Gelegenheiten und manchmal ist es frustrierend erkennen zu müssen, dass man wieder mal eine verpasst hat. Darum plädiere ich dafür, genießen Sie Ihre Gelegenheiten und greifen Sie nach den Sternen. Sie werden es in der Regel nicht bereuen.

14. Genieße Hygiene

„Den Badetag soll man halten wie den Sonntag." Deutsches Sprichwort

„Wer seine Karosserie in Ordnung hält fährt nicht nur gut, er kommt auch gut an." Waltraud Puzicha

„Eine Unterhose ist doch kein Darmfallschirm." Elmar Kupke

„Bei uns kann man vom Fußboden essen- man findet immer was." Susanne Hecht

Genug zitiert. Klar weiß jeder, dass „die Hygiene" kein wildes Tier aus dem Zoo ist. Es gibt ja genug Diskussion in der Öffentlichkeit über Krankenhauskeime, mangelnde Hygiene in Restaurants etc.

In einer Doku erzählte mal eine junge Frau, dass sie stark fiebrig aus einem Indienurlaub zurückgekehrt war. Sie hatte das Chicken Curry im Restaurant wohl nicht vertragen. Nicht dass es schlecht gewesen wäre. Der Koch hatte sich wohl nach der Toilette nur nicht die Hände gewaschen. Die Ärzte konnten Darmbakterien im Magen der jungen Frau nachweisen. Na guten Appetit.

Doch wie soll sich diese oft als wichtige Pflicht verstandene Maßnahme genießen lassen? Gerade junge Menschen in der Pubertät kennen darauf eine Antwort. Töchter, die sich morgens eine Stunde im Bad einschließen und wenn mal wieder jemand klopft tönt es nur: „Ich muss mir noch schnell die Haare machen". Junge Männer stehen dem oft in nichts nach. Sie zupfen sich die Augenbrauen und sowieso ist heute der ganze Körper scheinbar Rodungszone geworden. Außerdem ist die tägliche Dusche Pflicht. Manchen würde sogar das nicht ausreichen.

Vor ungefähr 50 Jahre verhielt sich die Sache noch ganz anders. Das oben genannte, deutsche Sprichwort erwähnt den so genannten Badetag.

Es war der eine Tag pro Woche, in der die Familie, oft nacheinander in ein und demselben Wasser, zu baden pflegte. Heute werden im Fernsehen Experimente gemacht, bei denen untersucht wird, wie es sich auf die Haut auswirkt, wenn man sich 2 Wochen nicht wäscht. Völlig erstaunt stellt der Journalist und Testproband fest, dass er keine Rötungen, Schorfbildungen oder irgendwelche Eiterblasen bekommen hat.

Wir neigen zu den Extremen. Vor 100 Jahren hast du Onkel Fritz schon gerochen bevor er um die Ecke bog. Heute riechen alle nach Dior oder Chanel. Das ist fast genauso unangenehm in hoher Konzentration.

Wenn wir eine gute Balance dazwischen finden würden, ließe sich das Thema „Hygiene“ besser genießen. Jeden Tag duschen muss nicht sein, aber einmal die Woche ist doch etwas wenig, wenn man zwischendurch noch ins Schwitzen kommt. Mir persönlich ist ein gepflegtes Äußeres wichtig. Aber ich würde niemand dafür verurteilen, wenn die Haare mal schiefliegen oder etwas fettig sind und wenn nach einem anstrengenden Tag der Körpergeruch gegen das Deo überhandnimmt. Ich genieße es manchmal, mich im Urlaub aus Bequemlichkeit nicht zu rasieren. Warum auch nicht?

Wer sich zu oft die Hände wäscht wird bei der Heizungsluft im Winter rissige und blutige Hände kriegen. Da helfen oft auch die einschlägigen Salben aus der Apotheke nicht viel. Ein gutes Maß ist also wichtig. Fragen Sie sich worauf Sie beim Thema Hygiene achten wollen und wie hoch Ihre Drecktoleranz sein darf. Bei dem einen ist das Staubkorn auf der Kommode schon zu viel. Der andere hat Staubflusen in jeder Ecke und merkt es nicht mal. Es geht mal wieder darum, sich wohl in seiner Haut zu fühlen und seinen eigenen Weg zu suchen. Ich wünsche Ihnen viel Erfolg dabei.

15. Genieße deine Selbstachtung

„Früher, da ich unerfahren
Und bescheidner war als heute,
Hatten meine höchste Achtung
Andre Leute.
Später traf ich auf der Weide
Außer mir noch mehre Kälber,
Und nun schätz ich, sozusagen,
Erst mich selber."

Wilhelm Busch

„Kein Mensch kann sich wohl fühlen, wenn er sich nicht selbst akzeptiert." Mark Twain

Zum Thema Selbstachtung hörte ich mal den schlauen Satz: „Behandle dich selbst wie einen guten Freund." Damit ist eigentlich auch schon alles Entscheidende gesagt. Wir müssen uns bewusstmachen, wie wir mit uns selbst reden, wie wir über uns selbst denken.

Es wird immer Menschen geben, die wir treffen oder bereits kennen, die uns ähnlich sind. Solche Menschen werden uns meist schneller akzeptieren. Und es wird immer diejenigen geben, die anders sind als wir. So gesehen haben wir immer Befürworter und Kritiker um uns, die mehr oder weniger ihre Stimme erheben in Bezug auf unsere Person.

Letztlich treffe ich selbst aber die Entscheidung, welche Kritik und welches Lob ich gelten lasse in Bezug auf meine Person. Ich kann ein Lob annehmen oder auch fallen lassen. Genauso ist es bei der Kritik. Leider entscheiden wir das selten bewusst. Wenn man Jugendliche auf Facebook sieht, wie sie Selfies von sich selbst an schönen Orten oder besonderen Situationen posten, wird einem das klar. Hier geht es um Selbstdarstellung und das Feedback der

Community. Mädchen, die sich ständig selbst fotografieren wollen in den Kommentaren lesen, dass sie hübsch, süß oder schick aussehen. Wenn dann jemand daherkommt und sie für ihr Aussehen kritisiert, kann das bereits tiefe Wunden hinterlassen.

Wir machen uns verletzlich, wenn wir unsere Selbstachtung nur von dem äußeren Feedback abhängig machen. „Ich fühle mich nur schön, wenn du mir bestätigst, dass ich schön bin.“ Damit hängt unsere Selbstachtung am seidenen Faden.

Reflektierte Menschen wissen wer sie sind, was sie können und haben eine Selbsteinschätzung, die äußere Kritik nur in die Wertung mit einbezieht, nicht aber von ihr abhängig ist.

Nehmen wir ein Beispiel. Hans ist Schüler und das zweite von drei Kindern. Er ist unauffällig und hält sich in der Regel zurück, wenn es im Gespräch um Entscheidungen oder Inhalte geht.

In der Schule ist er eher Mittelmaß. Das stört ihn in der Regel nicht. Vielmehr empfindet er sich in der Klasse als Außenseiter. In keiner Clique gehört er so richtig dazu. Das macht ihm zu schaffen. Zu Hause erfährt er viel Kritik seiner Eltern, weil er nicht gut genug in der Schule sei und den ganzen Tag faul vor dem PC sitze. „Du wirst es nie zu etwas bringen", sagt sein Vater oft. Hans hört diese Dinge und fängt an selbst auf diese Art mit sich zu reden. Wenn er morgens in den Spiegel schaut hört er diese innere Stimme die sagt: „Du wirst es nie zu etwas bringen." Und so schleppt er sich mit diesem Glauben und diesem Selbstbild durch den Tag. Er erhält aufgrund seiner lethargischen Art und seinem Selbstbild auch von außen mehr und mehr Bestätigung dafür. Mitschüler machen einen Bogen um ihn und Lehrer reagieren auch negativ auf seine Zurückhaltung und geringe Beteiligung am Unterricht. Und immer wieder diese Worte, die er zu sich selbst spricht: „Ist doch klar. Kein Wunder, dass du so behandelt wirst. Du bist auch nichts wert. Du wirst es nie zu etwas bringen, du Langweiler, Idiot, Nichtsnutz." Wenn Hans wüsste, was damit geschieht.

Dieser Teufelskreis muss durchbrochen werden und das ist nicht so leicht. Zuerst braucht es eine andere innere Haltung, damit sich auch das Außen ändern kann und wird. Manchmal hilft natürlich auch kurzfristig ein Ortswechsel. Aber das Problem wird damit nicht gelöst. Wenn meine Mitmenschen anfangen mich anders wahrzunehmen, nämlich als jemand mit Selbstachtung und Selbstvertrauen, als feste und selbstbewusste Persönlichkeit, werden sie mich auch anders behandeln.

Es gibt viele Wege zu einer guten Selbstachtung zu kommen. Ich möchte hier nur Einen als Beispiel vorstellen. Stellen Sie sich jeden Morgen vor den Spiegel und sagen zu sich: „*Name*, du bist großartig, diese Welt braucht dich." Sagen Sie dem lieben Gott Dank dafür, dass Sie diesen

Tag erleben dürfen, Menschen begegnen und Dinge anpacken dürfen. So werden sie zum Agierenden, zum Handelnden. Sie gehen auf Dinge und Menschen zu, weil Sie wissen, was Sie zu bieten haben. Denn Sie sind großartig! Das ist wahr. Wenn Sie bereit sind es auch zu glauben, werden Sie spüren, dass es stimmt.

Jeder Mensch hat Stärken und auch Schwächen. Darum geht es nicht. Sie sind wertvoll und großartig. Einfach weil es Sie gibt. Die Chance, dass Sie aus Eizelle und Spermium entstehen war eins zu 6 Millionen. Und et voila, da sind Sie. Ein echter Gewinner. Sagen Sie das zu sich: „Ich bin ein Gewinner." Denn es stimmt und Sie wissen das auch. Mit dieser Einstellung werden Sie auch Ihr Umfeld beeinflussen. Genießen Sie Selbstachtung.

16. Genieße Gemeinschaft

„Der Mensch für sich allein vermag gar wenig und ist ein verlassener Robinson: nur in der Gemeinschaft mit den andern ist und vermag er viel.“ Arthur Schopenhauer

Vor einiger Zeit machten wir als Familie einen Ausflug in ein historisches Dorf, ein Freilichtmuseum in unserer Nähe. Dort standen Ställe, Häuser, eine Schule und eine alte Mühle wie im 19. Jh.

Es war faszinierend zu sehen, wie die Menschen damals gelebt und gearbeitet haben müssen. Niedrige Decken zwangen mich ständig den Kopf einzuziehen und alte Öfen und Geschirr aus Ton erinnerte an das einfache Leben vor über hundert

Jahren. Besonders angesprochen hatte mich aber der Gemeinschaftsraum. Heute würde man wohl Wohnzimmer dazu sagen. Ein Raum, in dem es im Winter kuschelig warm wurde am großen Kachelofen. In diesem Raum versammelte sich nach dem Tagwerk die ganze Familie am warmen Ofen. Da wurde gemeinsam gegessen, Geschichten erzählt, Tee getrunken und man hatte einfach eine gute Zeit miteinander bevor alle müde und erschöpft in ihre kalten Schlafräume gingen. Das waren sicher schöne Momente, die alle Mitglieder der Hausgemeinschaft genossen haben. Auch wenn es damals kein Fernseher, Smartphone oder schicke Autos gab, hatten die Menschen alles, was wichtig im Leben ist. Gute Beziehungen und Gemeinschaft.

Heute ist es leider so, dass die Familien ihr Zusammensein oft auf das Wochenende verlegen. Da werden am Samstag Familienausflüge in den Zoo gemacht und man kostet die Zeit voll aus. Denn in der Woche ist jeder mit anderen Dingen beschäftigt und gemeinsame Mahlzeiten werden auch immer seltener, bei denen die ganze Familie am Tisch sitzt. Darüber hinaus leiden Familien heute mehr denn je unter räumlicher Trennung. Die Kinder gehen zum Studieren weg und kommen nie wieder in die Nähe der Elternhäuser zurück. Die gemeinsamen Erlebnisse und Zeiten zum Austausch in Kreis der Verwandten werden immer rarer.

Ich glaube nichts ist für Familien wichtiger als die Zeit, die man gemeinsam verbringt. Wir befruchten uns in dieser Zeit gegenseitig mit Gedanken und Ideen, prägen uns und stärken unsere Verbindungen zueinander. Wenn diese Zeiten zu rar werden, kann eine Familie daran zerbrechen. Schaffen Sie bewusst Zeiten, in denen Sie sich als Familie sehen und Zeit miteinander haben.

Gemeinschaft lässt sich natürlich auch außerhalb der Familie in Gruppen, Gemeinden und Vereinen pflegen, im Kollegenkreis oder der Ortsgemeinschaft. Auch da gilt je häufiger man sich sieht und Zeit miteinander verbringt, umso stärker und stabiler sind die Bindungen. Genießen Sie die Gemeinschaft mit anderen Menschen, den Austausch über gemeinsame Interessen und Themen und das gute Gefühl zueinander zu gehören und sich gegenseitig zu unterstützen. Genießen Sie Gemeinschaft.

17. Genieße deinen Gleichmut

„Denk daran in schwierigen Lagen den Gleichmut zu bewahren." Horaz (römischer Dichter)

„Entschleunigung gebiert Achtsamkeit. Achtsamkeit den Gleichmut. Gleichmut das beständige Glück und tiefe Einsicht. Tiefe

Einsicht das menschliche Verstehen." Jo Taijun Fuss

Gleichmut ist ein hohes Ziel für geistige und spirituelle Entwicklung, sich nicht von vermeintlich schlimmen, äußeren Umständen aus der inneren Ruhe bringen zu lassen. So fand ich eine Definition. In dem Wort „Gleichmut" stecken die Teilworte „gleich" und „Gemüt". Es geht also darum, sich das gleiche Gemüt zu bewahren, egal ob draußen gerade der Sturm tobt oder die Sonne scheint. Wer kennt nicht die Geschichte der Sturmstillung aus der Bibel, bei der Jesus tief und fest auf einem Boot mit seinen Jüngern schläft, das gerade bei Sturm und Wind zu versinken droht. Die Jünger sind nicht gleichmütig. Sie wecken ihn panisch, damit er nicht noch im Schlaf ertrinkt. Aber Jesus bleibt gleichmütig. Er sagt: „Warum habt ihr so viel Angst?" Das beeindruckt mich.

Nun habe ich durchaus Mitgefühl für die Jünger, die in so einer Situation mit Ängsten zu kämpfen haben. Aber oft befinden wir uns in weit weniger gefährlichen Lagen. Wir haben Angst vor Prüfungen, dem sozialen Abstieg und vor Fremden. Vielleicht können wir tatsächlich manchmal nicht anders. Aber wie wäre es, wenn wir uns ein wenig mehr Gleichmut gönnen würden. Zumindest da, wo es uns möglich ist.

In erster Linie hilft es uns da zu rationalisieren. Das heißt sich bewusst zu machen, was eigentlich gerade mit uns passiert und was es für uns bedeuten könnte. Was empfinde ich gerade und warum? Was kann im „Worst Case" in dieser Situation passieren? Tatsächlich ist es meistens so, dass weder Leib und Leben, noch Existenz oder Gesundheit von dem Ausgang einer Situation oder Begegnung abhängen. Wenn wir eine Prüfung nicht schaffen, gibt es in der Regel die Möglichkeit diese zu wiederholen. Wenn wir Angst vor der Begegnung mit einem

Vorgesetzten haben, geht es meist auch nicht um unser Anstellungsverhältnis, sondern um alltägliche oder wiederkehrende Dinge wie ein Jahresgespräch oder Absprachen anderer Art. Vielleicht haben wir wirklich mal einen Fehler gemacht, aber werden dafür selten gleich vor die Tür gesetzt. Unsere Ängste sind oft irrational und übertrieben. Ein Gnu, dass durch einen Fluss voller Krokodile ans andere Ufer läuft kann gerne Angst haben. Aber doch nicht wir. Vielmals haben Menschen Angst vor Krankheit und Tod denen es gerade vermeintlich gut geht. Auf der Krebsstation erlebt man dagegen manchmal Lachen und Freude, obwohl der eine oder andere dem Tode sehr nahe ist. Es ist unsere Einstellung, die dabei zählt. Trainieren Sie sich eine gute Portion Ignoranz und Gleichmut an und genießen Sie es, die Situation zu bestimmen und nicht bestimmt zu werden. Genießen Sie Gleichmut.

18. Genieße deine Individualität

„Individualität ist das, was übrigbleibt, wenn man alle Klischees ablegt." Marina Zuber

„Individualität ist gelebte Freizeit." Helmut Glaßl

Heute ist Individualität ein geflügeltes Wort. Auf der einen Seite wird einem vermittelt, man müsse seinen eigenen Weg gehen. Das eigene Ich und den eigenen Willen erforschen, um sich dann von der Masse abzuheben. Egal ob Kleidungsstil, Technik oder die eigene Weltanschauung. Jeder ist da angeblich heute seines eigenen Glückes Schmied. Auf der anderen Seite ist es offensichtlich, dass verschiedene gesellschaftliche Schichten gemeinsame Symbole und Merkmale nutzen, um die Zusammengehörigkeit darzustellen.

Der Dienstwagenfahrer im Mittelklasseaudi, der Student mit Appletechnik, der Kleidungsstil der s.g. „Gothics", schwarz in dunkelschwarz. Was hat das mit Individualität zu tun? Nicht viel. Wir wollen schließlich doch irgendwo dazugehören und gleichen uns einer bestimmten Gruppe an, so dass die Individualität gerne mal auf der Strecke bleibt. Andererseits grenzen wir uns damit sehr wohl von anderen Gruppen ab. Der moderne Performer, der nur noch Bio kauft oder der Firmenchef, der sich nicht mehr traut mit seinem alten Golf zur Arbeit zu fahren. Was sollen da die Leute denken? Das sind nur ein paar Beispiele die zeigen sollen, dass kaum jemand ganz individuell lebt. Auf der anderen Seite werden die Splittergruppen, zu denen einzelne Menschen dazugehören, immer mehr. Es gibt die Fußballfans, die Tuningszene, die Rocker und Außendienstler, die Techniknerds, Punker und Kirchgänger uvm. Unter diesen Gruppen sind auch noch viele Untergruppen auszumachen. Das eine schließt das andere aber nicht zwangsläufig aus. Ich kann auch zu mehreren Gruppen dazugehören.

Ein Teil meiner Person ist aber doch individuell. Selbst wenn ich z.B. zur Partei der Grünen gehöre muss ich nicht zwangsläufig nur noch Bio kaufen und ein Elektroauto fahren. Nur weil ich mich als Rocker verstehe, muss ich noch lange keine Harley fahren. Es gibt Bereiche im Leben, die sind und bleiben sehr individuell, wenn wir das wollen. Genießen Sie diese Individualität. Wo sind Sie bisher schon eigene Wege gegangen und haben damit gute Erfahrungen gemacht? Wo werden Sie für Ihre Individualität geschätzt und bewundert? Was machen Sie anders und wo denken Sie anders? Bewahren Sie sich den Schatz ihrer Individualität und genießen Sie es, ein Individuum zu sein.

19. Genieße deine Persönlichkeit

„...Der Charakter ruht auf der Persönlichkeit, nicht auf den Talenten...“ J.W. Goethe

„Wenn eine Persönlichkeit mich fesselt, wird jede Form des Ausdrucks an ihr zum Genuß." Oscar Wilde

Es gibt so tolle Persönlichkeiten in der Öffentlichkeit zu bestaunen. Schauspieler, Musiker, Politiker, Satiriker, Komiker uvm.

Wenn man nur an Helmut Schmidt, Willy Brandt oder andere Größen unseres Landes denkt, hat man im Kopf eine klare Persönlichkeit vor sich. Man weiß manchmal noch aus der Vergangenheit, wie sich dieser oder jener gegeben hat, wofür er stand und kann sich vorstellen, wie er sich zu aktuellen Themen äußern würde. Die Persönlichkeit lässt erkennen wer man ist und womit man rechnen kann, wenn man sich begegnet. Wir schauen auf zu großen Persönlichkeiten und bewundern diese sogar.

Ich möchte aber bei dem Thema nicht in Schwärmerei verfallen, sondern auf Sie und auf mich schauen. Was für eine Persönlichkeit sind Sie? Wie geben Sie sich in Gesellschaft anderer. Was ist Ihnen wichtig? Wofür setzen Sie sich ein? Wie reagieren Sie typischerweise in prekären, ausgelassenen oder z.B. stressigen Situationen? Wie pflegen Sie Beziehungen? Die Antworten darauf wissen Sie in der Regel schnell, wenn Sie kurz darüber nachdenken.

Jeder von uns pflegt einen Persönlichkeitsstil sagt der Kommunikationswissenschaftler Schulz von Thun. Es gibt den „bedürftig abhängigen, den helfenden, den selbst-losen, den aggressiv entwertenden, den sich beweisenden, den bestimmend kontrollierenden, den sich distanzierenden und den mitteilungsfreudig-dramatisierenden Stil". Das sind sage und schreibe gleich 8 mögliche Stile der Art, wie man kommuniziert und Beziehungen pflegt. Außerdem kann man auch dabei niemand in eine Schublade stecken. Natürlich können Sie einen Stil pflegen, der gleichzeitig Anteile des helfenden und selbstlosen Stils beinhaltet. Diese Aufteilung lehnt sich ein Stück weit an Fritz Riemanns „Grundformen der Angst“ an. Diese Theorie geht von vier Grundformen aus, es gibt die depressive, schizoide, zwanghafte und hysterische Persönlichkeit.

Um bei dem Thema nicht zu sehr auszuschweifen (ich empfehle an dieser Stelle das Buch „Miteinander reden 2“ von Friedemann Schulz von Thun), möchte ich nur auf einen der 8 Stile eingehen und Ihnen gleichzeitig zeigen, wie ein Mensch, der diesen Stil pflegt, seine Art der Persönlichkeit richtig genießen kann.

Eine hysterische Persönlichkeit, die mir sehr vertraut ist, nutzt den mitteilungsfreudig-dramatisierenden Stil. Er ist ein Mensch, mit dem es nie langweilig wird, denn es gibt immer etwas zu erzählen. Seine Grundbotschaft lautet: Hört, hört- so bin ich.

Während andere Persönlichkeiten wenig von sich selbst preisgeben, erhält hier der Gesprächspartner detaillierte Informationen, wie das Ich des anderen aussieht. Egal ob danach gefragt wurde, oder nicht.

Solche Menschen genießen es, von Publikum umringt zu sein und andere in ihren Bann zu ziehen. Wo viele Zeitgenossen Lampenfieber oder ein Blackout bekämen, sind sie in ihrem Element. Logischerweise haben viele Künstler eine Persönlichkeit, die gern im Rampenlicht steht und bei denen gefühlsbetonten Äußerungen eine große Rolle spielen. Der Stil lebt von einer hohen Lebendigkeit, Spontanität und intensiven Erlebnisbeschreibungen. Wer sich selbst so kennengelernt hat, genießt es andere zu unterhalten und dafür Bewunderung zu bekommen. „Du bist so spontan. Mit dir wird es nie langweilig. Du hast immer tolle Geschichten parat. Dein Leben ist so spannend. Bei dir passiert immer so viel.“ Diese Bewunderung spürt der Mitteilungsfreudige gern. Alle diese Eigenschaften lohnen erhalten zu werden. Die hysterische Persönlichkeit soll diese Mitteilungsfreudigkeit genießen. Die pure Lebensfreude, die dabei oft aus jedem Knopfloch strahlt, ist Gold wert.

Es gibt aber auch eine Kehrseite dieser Persönlichkeit. Die Beziehungsbotschaft lautet hier nämlich in der Regel: Du bist wichtig, weil du mir zuhörst, aber das Gegenüber fühlt sich dennoch nicht wirklich gemeint. Dieselbe Geschichte hätte der Mitteilungsfreudige auch jedem anderen erzählen können. Der Zuhörer wird austauschbar und daraus entsteht trotz der großen Kontaktfreudigkeit eine innere Einsamkeit, die nur schwer auszuhalten ist.

Wie oft habe ich in der Vergangenheit von Künstlern gelesen, dass sie eine innere Leere spürten, wenn sie nach einem großen Auftritt von der Bühne ins Hotelzimmer umgesiedelt sind. Viele Menschen, die einem das Gefühl geben, man sei besonders, hätte etwas zu bieten. Doch alles bleibt an der Oberfläche. Die Beziehung zum Publikum hält und trägt einen Menschen nicht auf Dauer. Schulz von Thun sagt, das seelische Axiom des Mitteilungsfreudigen lautet: „Ich bin unwichtig. Wie mir wirklich zumute ist interessiert niemanden. Nur wenn ich mich geschickt oder mit starken Mitteln in den Vordergrund spiele, werde ich beachtet."

Welche Gründe gibt es dafür?

Zum Beispiel unerledigte oder unterdrückte Gefühle, das Fokussieren von Nebensächlichkeiten und dadurch eine verschrobene Intensität des Gefühlsausdrucks. Der andere denkt: Hä? Seine Frau ist schwer krank und er regt sich über das nervige Bellen des Nachbarhundes auf?" Man versucht dem inneren Konflikt aus dem Weg zu gehen. Niemand soll merken, was einen eigentlich belastet. Nur nicht das eigentliche Thema an die Oberfläche lassen.

Wie kann ich also meine Persönlichkeit an der Stelle genießen? Indem ich zuerst einmal feststelle, dass ich eigentlich oft einsam bin und andere gar nicht an mich heranlasse. Ich betreibe eigentlich eine Nabelschau und interessiere mich mehr für mich als für andere. Und da liegt auch der Schlüssel. Wenn ich anfange, bewusst meinen Redefluss zu unterbrechen, meine Gegenüber ins Gespräch einzubinden und anfange Fragen zu stellen, werden Beziehungen intensiviert. Aktives Zuhören ist dabei ein wichtiges Stichwort. Ich beginne Schweigepausen bewusst auszuhalten und abzuwarten. Ich lasse das Gesagte an mich herankommen. Was macht das innerlich mit mir? Ich frage nochmal nach, wie es dem Gegenüber genau ergangen ist und will mehr Details wissen.

Welche Persönlichkeit haben Sie? Genießen Sie das positive an Ihrer Persönlichkeit (beim Mitteilungsfreudigen die Unterhaltungsgabe) und arbeiten Sie bewusst an den Seiten, die den

Umgang mit Ihnen für andere schwierig machen oder bessere, intensivere Beziehungen verhindern.

20. Genieße dein Selbstbild

Wie man sich selbst sieht stimmt oft nicht mit dem Bild überein, das andere von einem haben. Da ist es gut, wenn einem manchmal ein Spiegel vorgehalten wird. Ein Beispiel sind Menschen, die an Magersucht leiden. Wenn man sie fragt, ob sie sich für untergewichtig halten werden sie antworten, dass sie viel zu dick sind.

Jeder von uns hat ein Selbstbild, eine bestimmte Art und Weise von sich selbst zu denken. Es ist eine Meinung von mir selbst. Ich halte mich für dick oder dünn, dumm oder schlau, hilfsbereit oder egoistisch usw.

Ich selbst nehme mich so wahr. Das hat also nichts mit objektiven Fakten zu tun. Ich bewerte mich selbst als Mathegenie oder Zahlenhasser, Musiktalent oder Gesangsniete etc. Oft ist dieses Bild ambivalent. Wir halten uns nicht für Genies aber auch nicht für das Gegenteil. Es gibt Dinge, die ich gut kann und andere Eigenschaften sind vielleicht nicht so gut.

Problematisch wird es, wenn wir ein negatives Selbstbild verinnerlicht haben. Wer hat solche Sätze noch nie gehört: „Ich bin sowieso immer Letzter. Ich bin völlig unbegabt. Niemand mag mich." Was Kinder auch aussprechen denken sich Erwachsene oft nur. Aber das Ergebnis ist dasselbe. Ein negatives Selbstbild.

Dabei spielt dann auch die selbsterfüllende Prophezeiung eine Rolle. Wenn ich glaube nicht singen zu können, werde ich wahrscheinlich auch keinen Chor besuchen. Wenn ich mich für eine Niete im Sport halte, meide ich Sportvereine wie der Teufel das Weihwasser. Damit werden vielleicht vorhandene Potentiale nie ausgeschöpft. Schade.

Es gibt natürlich auch jene, die sich selbst überschätzen. Man denke nur an manchen Selbstdarsteller in Talentshows. Ein gesundes Selbstbild mit einer positiven Selbsteinschätzung, ohne Schwächen oder Fehler auszublenden, stellt in meinen Augen einen Weg dar, sein Selbstbild richtig genießen zu lernen. Wenn dann noch ein soziales Umfeld hinzukommt, das genau dieses Gesamtpaket so akzeptiert, also Schwächen nicht überbetont und Stärken zu schätzen weiß, lässt sich das eigene positive Selbstbild genießen.

21. Genieße es zuzuhören

„Zuhören können ist der halbe Erfolg." Calvin Coolidge

„Zuhören überzeugt mehr als argumentieren."
Aus Indien

„Der Zuhörer ist ein schweigender Schmeichler."
Unbekannt

Weil wir Menschen glauben, dass es wichtig sei gut aufzutreten und sich artikulieren zu können, gibt es viel gute Redner auf unserem Planeten. Sicherlich ist die Gabe des Redens eine großartige Sache. Aber suchen wir Gesprächspartner, die gute Redner sind? Suchen wir Menschen, die uns die besten Storys wortgewandt und rhetorisch einwandfrei darbieten? Auf einer Party ist das manchmal ganz nett und bei einem Kabarettabend weiß ich das auch zu schätzen, wenn vorne jemand steht der etwas erzählt und nicht auf den Redewillen des Publikums wartet. Aber sobald ich Aug in Aug mit Menschen in Kontakt komme, freue mich doch eher über gute Zuhörer und an mir Interessierte Menschen. Sie nicht?

Ich möchte an dieser Stelle einmal eine Lanze für unsere introvertierten Zeitgenossen brechen. Sicher fehlt ihnen manchmal die Initiative, so dass sie in Gesprächsrunden untergehen. Oft überlegen sie lange, bevor sie etwas sagen und das führt manchmal dazu, dass sie überhaupt nicht zu Wort kommen. Wenn ich alles erst auf Relevanz abklopfe bzw. meine eigenen Beiträge als nicht so wichtig erachte, werde ich oft weniger gehört als es manchmal gut wäre.

Schließlich haben Introvertierte genauso viel Wichtiges zu sagen wie Extrovertierte. Es ist nur nicht ihre Natur damit raus zu platzen.

Als Gesprächspartner sind sie allerdings Gold wert und man muss nicht von Natur aus introvertiert sein um das auch zu erkennen und für sich zu kultivieren.

In Telefongesprächen ist laut einer Studie das meistgesprochen Wort „Ich“. Jeder redet gern von sich! Jeder sucht einen Zuhörer, der nicht nur schweigt, sondern interessiert zuhört und passende Rückfragen stellt. Oft empfinden wir die besten Gespräche als die, in denen unser Gegenüber gar nicht viel gesprochen hat. Leider gibt es so wenige gute Zuhörer, eben weil unser „Ich“ so dominant ist.

Arbeiten Sie an sich ein guter Zuhörer zu werden und Sie werden es genießen, wenn Ihr Gegenüber Sie als einen sehr guten Gesprächspartner wahrnimmt, Sie ins Herz schließt und gern mit Ihnen Zeit verbringt. Genieße Sie es zuzuhören.

22. Genieße deine Gesundheit/Krankheit

„Man soll sein krankes Nierenbecken
nicht mit zu kalten Bieren necken.

Auch sollte man bei Magenleiden
den Wein aus sauren Lagen meiden.“

Christian Morgenstern

„Die ständige Sorge um die Gesundheit ist auch eine Krankheit.“ Platon

Es gibt Gesundheitstipps wie Sand am Meer. Um dies zu verhindern nehmen Sie das ein. Wenn Sie sich schlapp fühlen, brauchen Sie dieses und jenes. Unweigerlich stößt man bei der Recherche auch auf tausend Dinge, die das Gegenteil von Gesundheit bedeuten. Ich las von Krankheiten mit A wie Allergien bis S wie Schmerzen. Dazwischen gibt es noch unzählige andere Dinge, die mit unserem Körper oder unserer Seele nicht in Ordnung sein können und Krankheit bedeuten. Wenn ich anfange darüber nachzudenken, werde ich wahrscheinlich wirklich noch krank im Kopf, wie es Platon schon ausgedrückt hat. So genannte Hypochonder stehen jeden Morgen mit der Frage auf: Was fehlt mir heute? Wo zwickt und zwackt es und könnte das nicht ein Krebsgeschwür sein.

Ich möchte im Gegenzug konkret danach fragen, wie wir unsere Gesundheit, also die Abwesenheit von Krankheit richtig genießen können. Und darüber hinaus, wie wir es schaffen, auch bei Krankheit Genuss zu empfinden und nicht zu sehr auf dieses eine Lebensthema fixiert zu sein.

Als unser Sohn geboren wurde, holte sich unsere Tochter im Krankenhaus einen Keim, der auf ihrer Haut Warzenbildung verursachte. Das rötete sich und juckte und wollte mit vielen Mittelchen behandelt werden. Irgendwann sagte ein Hautarzt zu uns: „Am besten überstehen Sie diese Sache mit einer gesunden Portion Ignoranz.“ Und tatsächlich nach vielen Monaten verschwanden die kleinen Warzen wie von selbst. Nicht, dass es immer so einfach wäre. Aber eins ist mir dabei wichtig geworden, es lohnt oft nicht seine ganze Kraft und Aufmerksamkeit auf jedes Wehwehchen zu legen, das man gerade hat.

Viel wichtiger ist es in meinen Augen für seine Gesundheit jeden Tag dankbar zu sein und das Beste aus seiner Zeit als gesunder Mensch zu machen. Denn wir alle wissen: Auf ewig wird niemand gesund bleiben. Irgendwann, spätestens im Alter, sind wir vom Thema Krankheit alle betroffen. Letztlich hebt dieser Fakt unser Leben als gesunder Mensch nochmal auf einen anderen Level, wenn wir uns bewusstmachen, dass wir da keinen Dauerzustand erleben. Ohne Angst vor dem Morgen das Heute genießen, das Leben. Das, was mir heute vor die Füße gelegt wird, tun und erleben. Egal ob gesund oder krank. Das ist für mich eine gesunde Haltung.

Ich bin in meinem Leben von längerer Krankheitszeit bisher verschont geblieben. Aber ich kenne jemanden, der fast immer gesund war und der jetzt einen sehr guten Umgang mit seiner neuen, dauerhaften Krankheit gefunden hat. Sein Name ist Jürgen Mette. Ich habe das Glück ihn persönlich kennen zu dürfen. Eine wirklich schillernde Persönlichkeit. Er bekam Parkinson, gab seiner Krankheit einen Namen (Herrn P) und schrieb ein Buch über seinen Weg mit der Krankheit. Er ist ein großer Rhetoriker und wurde durch die Krankheit natürlich stark körperlich in seiner Tätigkeit eingeschränkt. Ihm ist es wichtiger heil (Seele), als geheilt zu werden und er möchte dankbar sein für diese Lebenserfahrung. Heute ist er nahbarer, verletzlicher, wie er selbst sagt. Er möchte nicht resignieren, sondern seinen Weg trotz oder gerade wegen seiner Krankheit weitergehen. (Buchempfehlung: „Alles außer Mikado“ von Jürgen Mette)

Ich will Ihnen Mut machen. Wenn Sie eine Krankheitszeit durchleben oder durchlebt haben, lassen Sie sich nicht davon bestimmen.

Genießen Sie dennoch jeden Tag und seien Sie dankbar für das Leben, das Ihnen geschenkt wird.

23. Genieße deine Stadt

„Die urbane Silhouette eröffnet Welten und schließt den Himmel.“ Raymond Walden

„Die Menschen, nicht die Häuser, machen die Stadt.“ Aus England

„Die Stadt ist gut, sagt der Bauer, aber die Leute taugen nichts.“ Deutsches Sprichwort

Städtereisen sind bei den Deutschen so beliebt wie nie zuvor. Wer mal bei Google Städtereise ins Suchfeld eingibt, findet gefühlte tausend Anbieter von solchen Reisen, die alle zu günstigen Preisen einen Trip nach Berlin, München, Hamburg oder in eine andere deutsche

Metropole anbieten. Wenn ich an unsere großen Städte denke kommt mir zwar zuerst der stockende Verkehr mit den vielen Autos in den Sinn. Dann aber denke ich schnell an die Dinge, die unsere Städte ausmachen. Berlin mit dem Brandenburger Tor, dem Reichstag und dem schrillen Nachtleben. München, die heimliche Hauptstadt wie manche sagen, mit bayrischer Tradition und Gemütlichkeit in Form von Biergärten, „Weißwurscht", dem Hofbräuhaus und der Allianzarena mit den bestbezahlten Fußballern Deutschlands. Auch bei Frankfurt, Stuttgart, Köln oder Hamburg fällt einem schnell etwas ein, das man mit dieser Stadt verbindet, obwohl ich maximal ein Wochenende oder auch nur einen Nachmittag in vielen dieser Städte verbracht habe.

Ich lebe in einer Kleinstadt. Hier gibt es viel von dem, was das tägliche Leben lebenswert macht. Wir haben alle Einkaufsmöglichkeiten, eine schöne Innenstadt und ein Schloss. Was uns fehlt ist sicher ein Nachtleben und ein wenig Vielfalt in der Kultur, aber dafür ist die nächstgrößere Stadt auch nur eine halbe Stunde entfernt.

Genießen Sie Ihren Wohnort? Lange Zeit habe ich auf einem Dorf gelebt und dabei als junger Mensch ein wenig Lebendigkeit vermisst. Ohne Auto war ich auf Bus und Bahn oder die Eltern angewiesen und oft saß ich auf dem heimischen Hof und habe mir die Zeit mit den Geschwistern vertrieben. Was hätte ich auch groß unternehmen können? Eine Fahrradtour durch die weitläufige Landschaft war noch das Einträglichste. Die nächste, größere Stadt war eine halbe Stunde mit dem Auto entfernt. Für einen Schüler ohne Führerschein leider schon echt weit. Ich möchte Ihnen Mut machen, sich auf Entdeckungsreise zu begeben. Wo sind die schönen und reizvollen Orte Ihrer Stadt? Wo fühlen Sie sich besonders wohl und was gefällt Ihnen an Ihrer Stadt? Machen Sie doch einfach mal eine Liste. Was ich an meiner Stadt liebe: Die Kaffeerösterei um die Ecke, weil es oft so gut riecht in der Gegend und man dort super Frühstücken kann. Den kleinen Italiener in der Innenstadt, weil das Essen dort exklusiv und einmalig lecker ist. Die „Beachbar", weil man sich dort im Sommer wie am Strand in einen Liegestuhl fallen lassen kann und Meerfeeling genießt, obwohl das Meer 5 Autostunden entfernt ist.

Das war meine kurze Liste. Ihnen fällt gewiss noch mehr ein. Genießen Sie Ihre Stadt und das, was sie Ihnen bietet.

24. Genieße deine Heimat

„Gastsein ist gut, Heimkommen ist besser." Aus Gabun

„...Wo es dir gut geht, da ist die Heimat..." Pacuvius (römischer Dichter)

„Ein Mensch, der keine Heimat hat, gleicht einem windverwehten Blatt." Erich Limpach

„Home is, where your Heart is." So sagt ein weitverbreitetes Sprichwort. Es ist ein Ort, an dem man sich nicht erklären muss. Ein Ort, an dem man sein kann, wie man ist und sich damit in seiner Haut pudelwohl fühlt. So wie der Fisch ins Meer, das Gnu in die Savanne Afrikas und der Vogel in den Himmel über uns gehört, sind wir in unserer Heimat gut aufgehoben. Natürlich gab und gibt es immer wieder Umstände seine Heimat kurzzeitig oder dauerhaft verlassen zu wollen oder zu müssen.

Die letzten Tage des Jahres 2016 habe ich in Österreich verbracht. Ich habe dort erstmals den Jahreswechsel mit mir völlig fremden Menschen begangen. Es war sehr schön, aber ich war danach auch froh wieder zu Hause bei meiner Familie zu sein. Die Neugier macht jede Begegnung in einem anderen Land spannend und lehrreich. Wenn man sich dann aber „a guats, a gluckliches, neus Joahr“ wünscht und den anderen gar nicht kennt und keinen Menschen aus der Familie und Freundeskreis um sich hat, fehlt einem doch irgendwie etwas. An einem Fest wie Weihnachten ist es genauso. Meine Schwester hat ihr Weihnachten in Kanada mit einer kanadischen Familie verbracht. Sicher war das auch eine interessante Erfahrung, aber wenn sie die Wahl gehabt hätte, wäre sie lieber bei der eigenen Familie in Deutschland gewesen.

Man begegnet eben ständig neuen Menschen, denen man erstmal seinen Namen sagen muss und dann genau erklären darf, warum oder wie lange man gerade da ist, wo man herkommt usw. Das passiert nicht einmal, sondern gefühlt hundert Mal in wenigen Tagen.

Natürlich ist es auf der einen Seite toll und spannend neue Menschen kennenzulernen und da gehört es eben dazu sich zu erklären. Nach ein paar Wochen hat man davon aber in der

Regel genug und ist froh, wenn man wieder nach Hause, eben in die Heimat, kommt. Dort wartet das soziale Umfeld und bekannte Orte, an denen man sich auskennt und gerne aufhält. Die neuen Eindrücke im Gepäck ist so ein Ausflug ins Unbekannte immer zu empfehlen. Ich kenne aber auch Menschen, die z.B. jedes Jahr auf denselben Zeltplatz nach Italien fahren. Sie haben dort schon Ihren festen Platz und treffen dort auch immer dieselben Leute aus Deutschland, die dort ebenfalls Urlaub machen. Da hat jemand ein Stück Heimat ins Ausland verlegt und würde auch niemals auf einen anderen Zeltplatz im Sommer fahren. Soweit kann die „Heimatliebe" gehen.

Was ist das Besondere an Ihrer Heimat? Vielleicht sprechen Sie einen Dialekt, der Sie mit Ihren Mitmenschen verbindet. Vielleicht sind Sie sogar dort geboren, wo Sie heute wohnen und gehören einfach dorthin, wie der Fisch ins Wasser gehört. Für viele Menschen ist Heimat auch einfach der Ort, wo die Familie ist. Egal wie oft man im Leben umziehen musste. Was lieben Sie an Ihrer Heimat und was können Sie so richtig daran genießen? Home is, where your Heart is. Und das ist etwas Einmaliges, das Sie genießen sollten.

25. Genieße deine Kleidung

„An den Federn erkennt man den Vogel.“ Deutsches Sprichwort

„Die Kleider der Frau sind der Preis für des Mannes Frieden.“ Von den Bantu

„Kleider machen Leute, aber zum Glück noch keine Menschen.“ Ernst Ferstl

„Kleide dich umso schicker, je trüber der Tag ist.“ Unbekannt

„Eine richtige Frau wirkt voll bekleidet auf einen Mann anziehender als ein nacktes Weib.“ Romy Schneider

Haben Sie auch einen Schrank voll „nichts zum Anziehen“? So geht es den Frauen angeblich, wenn mal wieder ein gesellschaftliches Ereignis ansteht und die Abendgarderobe ausgesucht werden muss.

Jeder kennt die Geschichte „Des Kaisers neue Kleider“.

Ich habe neulich mal den bequemen Weg gewählt, als ich merkte, dass meine Oberteile wie Pullover und Sweatshirts schon alle etwas ausgewaschen wirkten. Ich habe meine Frau für mich bestellen lassen. So kam ein großes Paket mit vielen Oberteilen in unser Haus und ich durfte ein wenig Modenschau machen. Einen Pullover anziehen, einmal vor den Spiegel, einmal vor die Frau und schon hatte ich genug Eindrücke, ob ich gut angezogen bin. Am Ende habe ich ungefähr die Hälfte der Teile behalten und den Rest zurückgeschickt. Gerade ist es draußen sehr kalt und ich trage einen neuen, warmen Pullover, der sich sehr angenehm auf der Haut anfühlt. Ich genieße es im Vorbeigehen einen Blick in den Spiegel zu werfen, denn der Pullover steht mir wirklich gut. Er passt, er kratzt nicht und ich habe keine Bedenken mich damit in der Öffentlichkeit sehen zu lassen. Also sind doch alle Kriterien erfüllt, damit ich meine Kleidung wirklich genießen kann.

Eine Anekdote möchte ich aber noch erzählen, denn nicht immer ist das Kleidungsstück, welches am bequemsten sitzt und persönlich gefällt, auch das Richtige. Ich war auf einer Veranstaltung eingeladen und hatte mir ein paar bequeme und durchaus schicke Sachen dafür angezogen. Als ich aber vor Ort war bemerkte ich schnell, dass die Damen in Abendkleidern und die Herren im Anzug erschienen waren. Ich war also völlig „underdressed“ und fiel dadurch den ganzen

Abend negativ auf. Zumindest hatte ich das Gefühl. Es ist dann wie in dem Traum, den fast jeder kennt. Der Traum, bei dem man im Schlafanzug in der Schule oder auf Arbeit erscheint und alle einen anschauen. Glücklicherweise passiert so etwas in der Realität äußerst selten.

Genießen Sie also Ihre vollen Kleiderschränke und ziehen Sie sich passend für jede Gelegenheit an. Eine schöne Frau in einem festlichen Abendkleid bei einer festlichen Veranstaltung ist schließlich auch für alle Beteiligten ein optischer Genuss. Genießen Sie Ihre Kleidung und die der anderen.

26. Genieße Kitsch

„Kitsch ist das Echo der Kunst." Kurt Tucholsky

Kitschig ist etwas dann, wenn es auf eine einfache Art und Weise sentimentale Gefühle ausdrückt und hervorruft. Der deutsche Gartenzwerg, den ich übrigens auch in meinem Garten habe, ist für viele so ein Symbol dafür. Mögen Sie kitschige Dinge?

Im Allgemeinen wird Kitsch als etwas Abstoßendes bezeichnet. Aber ich möchte an dieser Stelle mal eine Lanze für den Kitsch brechen. Klar gibt es da Übertreibungen. Wenn ich in eine Wohnung komme, wo alles um mich herum in grellem rosa oder pink erscheint und ein Bett oder Schrank voller Kuscheltiere aufwartet, tue ich mich schwer gefallen daran zu finden. Ganz nach dem Motto: „Viel hilft viel." Da gibt es also durchaus abstoßende Übertreibungen. Aber z.B. bei kitschigen Naturbildern an der Wand bleibt mein Blick doch gerne mal hängen. Da haben wir es mit einer Verklärung der Wirklichkeit zu tun. Niemals ist der Sonnenuntergang oder der Ausblick auf die Berge so, wie er auf diesen überzeichneten Bildern dargestellt wird. Trotzdem lässt uns ein kitschiges Bild vielleicht für einen Moment in eine andere, unwirkliche, utopische Welt eintauchen. Darüber kann ich unter Umständen für einen Augenblick den Alltag oder meine Sorgen vergessen. Nicht dass ich der Verblendung der Wirklichkeit oder der Flucht aus der Realität das Wort reden möchte. Aber so eine kurze Flucht im harten Arbeitsalltag oder in einer sorgenvollen Zeit kann manchmal auch Wunder wirken und uns helfen, neu über die Dinge nachzudenken. Mir hilft es manchmal an meinem Schreibtisch, wenn die kreative Muße gerade Pause zu haben scheint, für ein paar Sekunden schöne Bildschirmhintergründe aus fernen Ländern anzuschauen und mich dahin zu denken. Nur für einen Moment. Danach mache ich mir noch einen Tee und schon kehrt oft die Muße zurück und ich kann weitermachen. Genießen Sie ein wenig Kitsch in Ihrem Alltag. Und wenn es nur das Schlagerradio oder die Volksmusik auf dem Weg zur Arbeit ist.

27. Genieße deine Vorfreude

„Vorfreude ist die schönste Freude.“ Deutsches Sprichwort

Eigentlich eine einfache Wahrheit. Wenn ich mir ansehe, wie die Augen meiner Kinder funkeln, wenn es auf Weihnachten zugeht und wie oft sie ihre größten Wünsche formulieren, damit der Weihnachtsmann auch ja nichts davon vergisst. Die ganze Adventszeit ist eine Vorfreudezeit, eine Wartezeit auf das große Ereignis Weihnachten. Der Heiligabend ist irgendwann da und die Bescherung ist dann nur ein kurzer Moment. Die Zeit, die Kinder mit den neuen Spielsachen hinterher verbringen, wird auch von Tag zu Tag immer kürzer. Denken Sie an einen schönen Urlaub. Natürlich können wir hinterher die Bilder nochmal anschauen und uns erinnern an die tollen Erlebnisse. Aber was bedeutet es, sich auf eine große Reise oder einen längeren Urlaub vorzubereiten. Ich finde das fühlt sich großartig an. Ein befreundetes Paar befindet sich gerade in Neuseeland. Fünf Wochen Hochzeitsreise, die akribisch geplant und auf die kalte Jahreszeit gelegt wurde. Jetzt ist auf der anderen Seite des Globus Sommer. Die Hochzeit war aber schon vor einem halben Jahr. Solange haben sie ihren Urlaub gespart und dann eingereicht. Sie haben die Tage, die Ereignisse geplant, Hotels und Unterkünfte sowie Flüge und einen fahrbaren Untersatz vor Ort gebucht. Natürlich kann sowas auch anstrengend und kräftezehrend werden, aber desto mehr ich mir über die Details Gedanken mache, desto mehr steigt meine Vorfreude.

Genießen Sie die Vorfreude auf bevorstehende Ereignisse. Vielleicht heiratet demnächst jemand in der Familie oder ein anderes Großereignis steht an. Vielleicht ist es auch nur ein schöner Abend zu zweit oder ein Konzertbesuch. Denken

Sie jeden Tag bewusst daran und freuen Sie sich darauf. Es lohnt sich.

28. Genieße deine Herausforderungen

„Schwierigkeiten, Komplikationen und Probleme sind keine Hindernisse. Es sind Herausforderungen!“ Anna Elisabeth Laufs

„Jede neue Herausforderung ist ein Tor zu neuen Erfahrungen.“ Ernst Ferstl

Lassen Sie sich gerne herausfordern? Nein, ich muss anders fragen. Wachsen Sie gern an neuen Herausforderungen in Ihrer Persönlichkeit? Ich glaube, auf diese Frage fällt es schwerer nein zu sagen. Wachsen bedeutet aber eben auch oft Anstrengung und das Verlassen der Komfortzone.

Das fängt schon bei einfachen Dingen im Alltag an. Wenn ich einen Fremden neben mir in der Straßenbahn anspreche, weiß ich nicht hundertprozentig was mich erwartet. Ich muss meine Komfortzone verlassen, um ehrliches Interesse an einem Fremden zu zeigen und damit meinen persönlichen Horizont zu erweitern. Ich kenne Menschen, die sind um die ganze Welt gereist. Auch das ist herausfordernd. Aber das Reisen hat sie kaum verändert. Sie haben tolle Fotos gemacht. Aber bis auf die Hoteldame am Schalter oder den Taxifahrer haben sie mit keinem Einheimischen viel geredet. Sie waren in ihrer Reisegruppe und haben sicher viel erlebt. Aber ein gewisser Erfahrungsschatz blieb ihnen verborgen. Weil sie vielleicht wegen der Sprachbarriere oder anderen Vorbehalten nicht ins Gespräch mit den Menschen vor Ort kamen.

Natürlich sind Herausforderungen Dinge die einen fordern. Das steckt ja schon im Begriff. Bei einer Reise auf den britischen Inseln bekam ich mal die Gelegenheit, mit jemanden zu sprechen, der einige Jahre in Afrika verbracht hatte um dort zu arbeiten. Seine Erfahrungen waren so interessant für mich, dass wir fast eine Stunde im Gespräch waren. Ich hatte hinterher kaum Konzentration mehr, denn das Zuhören hat mich sehr gefordert und auch das Verstehen hat nicht immer hundertprozentig geklappt. Aber ich weiß heute noch sehr viele Details aus dem Gespräch und bin froh, dass ich mich darauf eingelassen habe. Wie oft wirft man im Leben das Handtuch ohne es richtig versucht zu haben? Ich könnte da viele Negativbeispiele nennen, auch persönliche, aber ich möchte an dieser Stelle eine einzigartige Person vorstellen, die mit viel mehr Herausforderungen geboren wurde als ich.

Kennen Sie die Geschichte von Nick Vujicic? Ein junger Mann der ohne Arme und Beine geboren wurde. Im Alter von etwa 9 Jahren wollte er sich selbst in der Badewanne seiner Eltern ertränken, weil er in seinem Leben keinen Sinn sah. Es ist ihm nicht gelungen. Heute ist er ein weltweit bekannter Motivationstrainer und Evangelist. Er läuft auf seinen Stümpfen aufrecht über die

Bühne, macht Späße mit dem Publikum und ist ein fantastischer Redner. Er hat auch eine Band und veröffentlicht regelmäßig neue Lieder. Er hat sich vom Leben herausfordern lassen, mit seinem Handicap klarzukommen und trotz oder gerade wegen seiner körperlichen Einschränkungen anderen Lebenshoffnung und Motivation zu geben.

Das ist sicher nur eine von vielen Geschichten, was passieren kann, wenn man sich herausfordern lässt. Genießen Sie Herausforderungen, denn Sie werden daran wachsen!

Natürlich kann eine Herausforderung auch zur Überforderung und damit zu Frust, Burnout oder anderen negativen Folgen führen. Einer meiner Kollegen ist wegen Erschöpfungsdepressionen ausgeschieden. Er hatte viele Herausforderungen, die zur Überforderung wurden. Von der Erfinderin der TZI (Themenzentrierte Interaktion) Ruth Cohn stammt ein wichtiger Gedanke: „Be your own Chairperson.“ Seien Sie Ihr eigener Anwalt in Ihren Herausforderungen. Wenn Sie überfordert sind braucht es Ihre Entscheidung kürzer zu treten und Ihren Mut „Nein“ zu sagen. Das gehört zu einer erwachsenen Persönlichkeit. In der Regel wird das niemand für Sie tun.

Das ist natürlich die andere Seite der Medaille. Wie immer im Leben geht es hier um Balance. Sich selbst nicht überfordern lassen aber auch nicht unterfordert sein. Das ist die Kunst.

Man kann es an Arbeitslosen beobachten. Wenn keine Herausforderungen das Leben bereichern, werden wir ebenfalls krank. Es wird Ihnen guttun, sich an Neues zu wagen. Genießen Sie es Ihren Horizont durch Herausforderungen zu erweitern. Ein Beispiel gefällig? Ich versuche gerade nebenbei etwas Französisch zu lernen. Das ist schwerer als ich dachte, aber mein Ziel ist es in einem Jahr mit einem Muttersprachler zu sprechen. Mal sehen, ob ich das schaffe.

29. Genieße deinen Bewegungsapparat

Kennen Sie das Buch „Darm mit Charme" von Julia Enders? In einem Kapitel heißt es, dass unser Gehirn zuallererst für die Bewegung zuständig ist. Es gäbe da einen Schwamm im Meer, der würde sich einen Platz zum Leben am Grund des Meeres suchen und wenn er den gefunden hat, anfangen sein Gehirn zu verdauen. Der Schwamm braucht es nicht mehr, denn er braucht sich auch nicht mehr bewegen.

Dieses Beispiel soll jetzt nicht bedeuten, dass wir unter Umständen auch auf unser Gehirn verzichten können, wenn wir uns nicht mehr bewegen. Vielmehr möchte ich sagen, dass wir als „Gehirntiere“ fürs Bewegen geboren sind. Bewegung verlängert das Leben, kann Krankheiten heilen bzw. vorbeugen. Sie ist das beste Medikament für unseren Körper. Die Muskeln werden trainiert und man ist weniger anfällig für Verspannungen und den daraus herrührenden Kopfschmerzen. Die Knochen werden gestärkt. Bewegung schützt vor Herzinfarkten und Schlaganfällen. Sie senkt das Krebsrisiko. Außerdem fühlen wir uns einfacher fitter, aktiver, gesünder. Wer schon mal joggen war und dabei wie in einem Rausch immer weitergelaufen ist, kennt dieses Gefühl gut.

Dabei werden Glückshormone ausgeschüttet. So hilft Bewegung sogar gegen psychische Erkrankungen wie Depressionen. Genießen Sie Bewegung und Fitness soweit es Ihnen möglich ist. Es lohnt sich den inneren Schweinehund zu überwinden, denn sobald wir in Bewegung sind und es nicht übertreiben, trägt es zu unserem Wohlbefinden und zu unserer Gesundheit bei.

Vor einiger Zeit war ich mal in den Bergen Österreichs wandern. Ich war mit einer Gruppe sechs bis acht Stunden über Stock und Stein unterwegs. Manchmal mussten wir ein Stück am Stahlseil entlang klettern oder über Steine und kleine Bäche springen. Abends auf der Hütte im Schlafsack dauerte es keine zehn Minuten und wir waren alle eingeschlafen. Es war eine wunderbare Erfahrung und ich kann nur empfehlen, egal ob in den Bergen, auf Pilgertour oder einfach zu Hause im nächsten Park. Wandern Sie ein Stück. Sie werden es nicht bereuen.

Ein Freund von mir geht fast jeden Tag auf Arbeit mit Kollegen zur Mittagszeit eine halbe Stunde im Park spazieren. Das ist purer Genuss und Abwechslung zum Büroalltag vor dem PC.

Egal ob Marathon oder Spaziergang, ob Wandern oder einfach zum nächsten Termin zu Fuß laufen. Bewegung tut gut und ist ein Genuss. Denn wer regelmäßig läuft empfindet es selten als anstrengend und so wird der innere Schweinehund immer kleiner.

30. Genieße deinen Mut

„Mut in der Seele, Mut, denn die Erfahrung lehrt, daß das Leben uns eher Kämpfe bringt als Frieden, eher Leiden als Freuden, eher Armut als Reichtum, eher Demütigungen als Ehren."

Heinrich Hansjakob

„Das Leben ist schwierig." So schrieb der Psychiater und Schriftsteller M. Scott Peck in seinem Buch „Der wunderbare Weg". Ein Satz, der mir hängen geblieben ist, weil er eine klare Aussage macht. Ich empfinde das Leben zwar nicht generell als schwierig. Aber ich gebe ihm Recht, dass es immer wieder schwierige Phasen gibt und geben muss. Bei dem Einen mehr, bei dem anderen weniger. Das Leben ist „ambivalent“. So sagte mir mal die Pädagogin Sabine Lang. Das bedeutet, es gibt immer mehrere Seiten einer Medaille. Das Leben ist zwiespältig und es kann einem eben noch sehr gut gehen. Man ist zufrieden mit seinem Leben und auf einmal gibt es einen Schicksalsschlag oder sonstige plötzliche Veränderung. Genauso kann es sein, dass wir überrascht werden von einer positiven Entwicklung. Aber so etwas nehmen wir leider nie so stark wahr. Wer weiß schon wirklich zu schätzen, wenn er seit 30 Jahren ohne schwere Krankheit leben durfte. Auf der anderen Seite wirft uns eine neue Krankheit oft völlig aus der Bahn und stellt unser Leben auf den Kopf. Das „Normale“ ist, wenn alles in Ordnung ist. Der Zwischenfall eher das, wofür wir Mut brauchen. Mut, einen neuen Weg zu gehen, die Komfortzone zu verlassen. Mut zur Ehrlichkeit. Genießen Sie es, etwas zu wagen. Genießen Sie es mutig zu sein! Ich brauche Mut, wenn ich meinem Partner sagen will, wie es wirklich in mir aussieht, wenn ich meinem Chef sagen will, dass ich mehr Gehalt oder bessere Arbeitsverhältnisse wünsche. Ich brauche Mut den Mund zu einem unbequemen Thema aufzumachen. Wenn alle anderen schweigen. Genießen Sie es mutig zu sein! Denn Mut wird meist belohnt. Und selbst wenn es mal nicht geholfen hat, ist es ein gutes Gefühl, es versucht zu haben. Die Stürme des Lebens fordern unseren Mut heraus. Gut, wenn wir die Chancen, die uns das Leben bietet, ergreifen. So können Sie stolz auf sich sein.

31. Genieße Technik

„Ein grundsätzlicher Gegner der Technik zu sein,
wäre genauso absurd,
wie ein Gegner von Hämmern und Nägeln zu sein.

Doch ebenso absurd,

wie von Hämmern und Nägeln

die Lösung der Probleme der Menschheit zu erwarten,

wäre es,

dies von der Technik zu tun."

Gerald Dunkl, österreichischer Psychologe und Aphoristiker

Sind Sie ein „Techniknerd"? Das sind die Leute, bei denen sich jedes zweite Gespräch um die neusten Handys, Stereoanlagen, Computerzubehör oder sonstige technische Neuheiten dreht. „Neulich habe ich das neue Iphone in der Hand gehabt. Das Teil hat den besten Fingerabdrucksensor auf dem ganzen Markt."

Wir alle nutzen sie, die Technik. Niemand kommt heute noch wirklich ohne sie klar. Auf einem Seminar mit jungen Leuten fragte ich mal, wer von den Teilnehmern kein eigenes Handy bzw. Smartphone besitzt. Von über 20 Personen meldete sich einer, der (unfreiwillig) ohne diese moderne Kommunikationstechnik seinen Alltag bestritt.

Jedem von uns wird schnell klar, wie abhängig wir von Technik sind, wenn mal der Anlasser bei Auto streikt oder zu Hause der Strom ausfällt. Wie schnell fühlt man sich ohne Strom und fließend Wasser, ohne moderne Kommunikationsmittel in die Steinzeit zurückversetzt? Für viele Menschen gehört alltägliche Arbeit oder Spielzeit am PC zum Leben dazu.

Viele Fragen die im Gespräch aufkommen, werden nicht mehr bis zum Ende diskutiert. Die Suchmaschine Google auf dem Handy beendet oft jedwede Diskussion. „Wer war nochmal der erste amerikanische Präsident? Ich glaube Washington oder Lincoln. Das war Lincoln, oder? Ich habe es gegoogelt. George Washington war von 1789 bis 1797 erster Präsident der USA. Er war parteilos." Das soll nur ein Beispiel sein, wie auch die Technik unsere Kommunikation heute bestimmt. Wir können uns dem nur schwer entziehen. Einige Freunde von mir verweigerten sich strickt der Nutzung von Facebook und anderer sozialer Medien wegen des fehlenden Datenschutzes. Aber früher oder später waren sie doch angemeldet, weil es auf einmal ein Massenphänomen geworden war und weil man das Gefühl bekam, sonst irgendwie den Anschluss zu verlieren.

Weil es heute so viele Medien gibt, kann es einem passieren, dass man bei vielen Tischgesprächen keinen Beitrag mehr leisten kann. Wenn sich die Gruppe über „Pokemon Go" unterhält. Das ist ein beliebtes Smartphone-Spiel, bei dem man virtuelle Pokemon in der realen Umgebung fangen muss. Dann ist der Nicht-Nutzer meistens schon außen vor. „Kennst du dieses Lied, diese Band, dieses Youtube-Video? Hast du schon das Neuste gehört?" Wer keine

Nachrichten-App nutzt oder regelmäßig auf Youtube, Facebook oder anderen Plattformen unterwegs ist, kann oft nicht mehr mitreden.

Ich möchte aber dennoch dazu ermuntern, die moderne Technik nicht als „Must have“ zu verstehen. Schließlich ist Technik dazu da, unser Leben zu erleichtern und nicht zu verkomplizieren. Genau das passiert aber, wenn ich mich z.B. dem Diktat ständiger Erreichbarkeit und dem Drang, über alles informiert zu sein, hingebe. Ich persönlich nutze viel Technik in meinem Alltag, versuche aber auch immer wieder Phasen zu haben, in denen das Tablet ausgeschaltet, das Handy auf Flugmodus und der PC runtergefahren bleibt. Irgendwie ein irres Gefühl all diese Hilfsmittel zu haben und sie dann, wenn auch nur für den Moment, gar nicht zu benötigen. Genießen Sie die technischen Hilfsmittel in Ihrem Alltag, aber bleiben Sie Herr der Lage. Nicht die Technik sollte bestimmten, wie Sie Ihre Zeit verbringen und wofür Sie sich interessieren. Das sollte allein Ihre Sache sein. Genießen Sie die moderne Technik.

32. Genieße deine Fahrzeuge

Vielleicht bin ich auch ein wenig verrückt. Meinem ersten Auto gab ich den Namen „Arabella“. Ein dunkelroter VW Polo, den ich über alles liebte, auch wenn er schon mehr als zehn Jahre alt war. Mein erstes Motorrad hatte auch einen Namen.

Der Deutsche hat im Leben durchschnittlich über zehn Autos in seinem Besitz. Wir sind eine Autofahrernation und lieben unsere Blechkisten wie fast kein zweites Volk auf dieser Erde. Natürlich ist dieser Trend trotz der vielen deutschen Hersteller rückläufig. Das muss an der

Stelle auch gesagt werden. Dennoch gibt es Auto- und Tuner Channels auf Youtube, die regelmäßig eine halbe Million Mal angeklickt werden. Es gibt also offensichtlich viele Menschen da draußen, die sich für das Thema Auto interessieren.

Ich habe jedenfalls viele schöne Erinnerungen an das Auto- und noch mehr an das Motorradfahren. Ich bin damit ans Meer und in die Berge gefahren, habe tolle Aussichten und die atemberaubende Fahrdynamik und Beschleunigung genossen. Ein kurzer Zug am Gas und schon zoomt es dich am LKW vorbei. In alle den Jahren gab es auch den einen oder anderen Sturz oder Beinahe-Crashs. Als junger Mensch in den Zwanzigern war ich oft zu schnell unterwegs. Ein paar Linksabbieger und einige Tiere bzw. scharfe, uneinsichtige Kurven wären mir da fast zum Verhängnis geworden. Aber ich bin ruhiger geworden. Hin und wieder eine kleinere oder größere Tour fahren. Das reicht mir.

Der Weg ist das Ziel und unterwegs gibt es oft genug zu sehen und zu erleben.

Mit dem Auto muss ich beruflich lange Strecken fahren. Daher sind meine Fahrzeuge ob hoher Kilometerstände auch schneller verschlissen und müssen irgendwann getauscht werden, bevor die Reparaturkosten einen auffressen.

Wer viel und lange Strecken fahren muss liebt den Dieselantrieb. Er hat eine überraschend druckvolle Beschleunigung und verbraucht dabei recht wenig. Außerdem sind die Preise an der Zapfsäule etwas humaner als beim Benzin. Natürlich sind benzingetriebene Autos sportlicher zu fahren. Wer also z.B. einen s.g. „Hot Hatch" sein eigen nennt, das sind sportliche Vertreter der Kompaktklasse, hat gern einen turbogeladenen Ottomotor unter der Haube. Das bedeutet Fahrspaß.

Da wir nun drei Kinder haben, musste für uns letztes Jahr ein großes Familienauto her. Das ist für denjenigen, der gern dynamisch ums Eck fährt ein herber Schlag. Diese großen Autos sind meist träge und schwer. Bei unserem Van habe ich einen Kompromiss gefunden. Er hat ein relativ straffes Fahrwerk und einen recht starken Dieselantrieb, so dass trotz sieben Sitzen und viel Platz der Spaß nicht zu kurz kommt. Außerdem gibt es da immer noch das Motorrad als Ausgleich. Sobald die ersten Sonnenstrahlen im Frühling locken, wird am Wochenende das Zweirad aus dem Winterschlaf befreit und sofort stellt sich ein Gefühl von Freiheit und dynamischer Fortbewegung ein das seinesgleichen sucht.

Genießen Sie Ihren fahrbaren Untersatz.

33. Genieße deine Lust

„Lust ist der beste Motor.“ Manfred Hinrich

Ich habe keine Lust. So hört man oft aus dem Kindermund, wenn es um Zimmeraufräumen, Teller aufessen oder Körperpflege geht. Tatsächlich geht es uns Erwachsenen nicht viel anders. Wir kennen ebenfalls das Gefühl der Lustlosigkeit, Antriebslosigkeit, das „kein Bock"-Phänomen. Täglich begegnen uns Aufgaben, die keinerlei Anreiz beinhalten. Müll runterbringen, Böden wischen, Treppe fegen, Einkaufen gehen. Ganz alltägliche Aufgaben, die aber immer wieder getan werden wollen. Wir kommen nicht umhin diese Dinge dann zu tun, wenn sie anfallen. Es sei denn man kann sie delegieren. Ich möchte aber an die genussvollen Aufgaben erinnern, die zuvor eine große Lust und Freude auslösen. Bei welchen Ereignissen aus Ihrem Alltag gibt es das? Vielleicht bei einem Termin am Abend mit Freunden oder im Sportverein. Vielleicht die Lust auf einen Saunagang oder eine Fahrradtour. Vielleicht haben Sie Lust mal wieder ein Instrument in die Hand zu nehmen und ein wenig darauf zu spielen. Bitte unterdrücken Sie diese Lüste nicht. Gehen Sie Ihnen nach und freuen Sie sich daran. Ich habe eben nicht auf alles Lust. Aber wenn ich schon auf etwas Lust bekomme und meine Zeit lässt es zu, dann will ich dem auch nachgehen und diese Sache genießen.

34. Genieße Meditation

„Meditation ordnet die Gedanken und verleiht mehr Gelassenheit.“ Franz Schmidberger

„Suche die Wahrheit in der Meditation und nicht in vergilbten Büchern.“ Aus Persien

„Wo es Frieden und Meditation gibt, da herrscht weder Sorge noch Zweifel.“ Franz von Assisi

„Meditation verleiht uns inneren Frieden, der aus der Stille des Geistes hervorgeht.“ Dalai Lama

Vor einem Jahr noch hätte ich wie ein Blinder von der Farbe gesprochen, wenn es um Meditation gegangen wäre. Heute habe ich zumindest einen kleinen Erfahrungsschatz, der es mir erlaubt, Meditation und das, was es mit mir macht, zu genießen. Ich habe vor einigen Wochen ein Seminar zum Thema Spiritualität besuchen dürfen und mit dem Seminarleiter über das Thema Meditation gesprochen. Er erklärte mir, dass er schon öfter in buddhistischen Tempeln unter Anleitung meditiert hätte und wie dies funktioniert. Ich war motiviert und wollte es ausprobieren.

Es gibt sehr einfach Formen der Meditation, die weder einen Tempel noch feste Rituale oder Gegebenheiten fordern, um zu funktionieren. Es geht im Prinzip darum, seine Wahrnehmung, die im Alltag nach außen gerichtet ist, nach innen zu fokussieren. Auf seine Atmung zu achten und dabei ganz bei sich zu sein. Eine bequeme Haltung ist dabei hilfreich. In der Regel geht man auf die Knie und setzt sich auf seine Füße oder ein Kissen, das man zwischen die Beine legt. Bei aufrechter Sitzhaltung schließt man die Augen und beginnt sich auf seine Atmung zu konzentrieren. Langsames Ein- und Ausatmen lässt den Körper zur Ruhe kommen und Alphawellen im Gehirn entstehen. Ein immer gleiches Mantra, also ein Wort oder eine Phrase, die man während des Ausatmens mit dem Mund formt kann hilfreich sein. Das berühmte „Om" ist nur eine Variante. Eine beruhigende Hintergrundmusik und gedimmte Beleuchtung, gerne auch durch Kerzen, kann helfen eine Stimmung zu erzeugen, die den Fokus auf das Innere erleichtert.

Ich habe es zuerst auf meinem Sofa probiert, mich einfach in den Schneidersitz gesetzt und die Augen geschlossen. Tief eingeatmet. Tatsächlich hat sich eine tiefe innere Ruhe eingestellt. Ich habe es mit und ohne Musik probiert und zwischendurch auch gern mal die Atemzüge gezählt oder einfach nur leise „Ein" beim Einatmen und „Aus" beim Ausatmen gesprochen. Weil es schon spät war musste ich aufpassen, dass ich dabei nicht einschlafe.

Probieren Sie es aus und genießen Sie Meditation. Sie werden sich hinterher entspannt und gefestigt fühlen, wenn Sie sich darauf einlassen.

35. Genieße deine Irrationalität

„Laßt wachsen die Bäume der Phantasie über die Irrationalitäten des Himmels, wo sie sich ausbreiten über die Ufer der Welt." Gerald Dunkl

Halten Sie sich für einen rationalen Menschen? Untersuchungen haben ergeben, dass selbst der trockenste Professor zutiefst irrational tickt. Wenn Sie den Herrn Professor nämlich über sein Weltbild und seinen Glauben ausfragen würden, kämen da, wie bei fast jedem Menschen, sehr irrationale und schwer überprüfbare Erklärungen. Wir neigen dazu Dinge zu glauben und für wahr zu halten, die wir kaum wirklich kontrolliert haben. Eltern, Freunde, Verwandte haben uns in eine gewisse Richtung geprägt und unser individuelles Weltbild mitgestaltet. Wir neigen dazu diese Standpunkte bis aufs Blut zu verteidigen, wenn sie jemand in Frage stellt. Als ob unser Leben davon abhinge.

Ich plädiere für eine Neuorientierung. Ich glaube nicht, dass sich etwas an unserer Irrationalität ändern lässt. Wir denken nicht in Fakten und überprüfbaren Wahrheiten, sondern Emotionen bestimmen unser Denken und wir sollten das genießen. Im letzten Buch schrieb ich in einem Kapitel über die eigene Meinung eines jeden Menschen. Diese Meinung entsteht manchmal durch Hörensagen, die Presse, den Nachbarn, ein ungutes Bauchgefühl usw. Selten aber durch Überprüfung und Abwägung aller vorliegenden

Fakten. Anstatt darüber in Frust zu verfallen will ich dazu ermutigen, kritischer mit sich selbst und den eigenen Überzeugungen umzugehen. Es fängt schon mit unserer Sprache an.

Formulierungen wie: „Es könnte sein, dass...ich glaube, dass...ich vermute, dass...", sind wesentlich offener und stellen die eigene Fehlbarkeit nicht unter den Scheffel. Wenn jemand sagt: „Ich bin sicher..., da gibt es keine zweite Meinung", entsteht eine Situation, bei der man leicht sein Gesicht verlieren kann. Stellen Sie sich vor, jemand anderes am Tisch weiß es besser und korrigiert Sie. Andere stimmen demjenigen zu und schon geraten Sie in Bedrängnis, weil Sie so stark auf Ihre eigene Meinung und Kompetenz beharrt haben. Genießen Sie es vage zu bleiben und offener zu formulieren. Niemand weiß alles. Theodor Roosevelt, der ehemalige Präsident der USA hat gesagt, dass er froh wäre, wenn 75 Prozent seiner Überzeugungen wahr wären. Wenn

Präsident Roosevelt mit 75 Prozent schon zufrieden wäre, sollten wir da nicht mit 50 Prozent zufrieden sein und uns daher mehr zurückhalten? Genießen Sie Ihre Irrationalität.

36. Genieße Kontrollverlust

In unserer Kultur gibt es da kein Vertun. Wer die Kontrolle verloren hat, hat etwas falsch gemacht. Menschliches Versagen ist in diesem Zusammenhang ein geflügeltes Wort. Natürlich ist es wichtig in entscheidenden Momente die Kontrolle zu behalten. Aber ist das immer und zu jeder Zeit nötig?

In anderen Kulturen ist der Kontrollverlust im Sinne eines Trancezustandes eine durchaus erwünschte und immer wieder hervorgerufene Erfahrung. Da werden gemeinsame Lieder gesungen, man kaut auf besonderen Blättern herum oder raucht gemeinsam etwas, das Zeit und Raum verschwimmen lässt. So wird die Kontrolle zumindest zeitweise abgegeben.

Ich glaube, dass es uns guttut, wenn wir hin und wieder die Kontrolle abgeben können. Natürlich ist das kein guter Dauerzustand. Aber ab und zu sehr heilsam.

Weg vom Wachbewusstsein, den logisch-reflektierenden Verstand ausschalten. Selbsthypnose, Tagträume, visuelle Imagination sind hier Möglichkeiten diesen Zustand zu erreichen. In manchen Kulturen tanzen sich die Leute in Trance. Diese Zustände helfen uns aus dem Alltag auszusteigen und dem Gehirn die Möglichkeit zu geben in einem anderen Bewusstseinszustand zu verweilen und die Gewichte zu verschieben. Da ist es mal einfach nur wichtig zu sein und geschehen zu lassen was geschieht. Schließen Sie mal versuchsweise die Augen und lassen Sie Bilder vor Ihrem inneren Auge entstehen. Lassen Sie Ihrer Phantasie freien Raum. Das kann so sich so echt anfühlen wie die Realität selbst und sehr heilsam sein. Auch ohne Alkohol- oder Drogenmissbrauch ist das unserem Gehirn möglich. Geben Sie hin und wieder mal die Kontrolle ab.

37. Genieße Vergänglichkeit

„Ich bedauere die Menschen, welche von der Vergänglichkeit der Dinge viel Wesens machen und sich in Betrachtung irdischer Nichtigkeit verlieren: sind wir ja eben deshalb da, um das Vergängliche unvergänglich zu machen; das kann ja nur dadurch geschehen, wenn [sic] man beides zu schätzen weiß." Johann Wolfgang von Goethe

„Der Gedanke an die Vergänglichkeit aller irdischen Dinge ist ein Quell unendlichen Leids – und ein Quell unendlichen Trostes." Marie Freifrau von Ebner-Eschenbach

„Gerade weil alles vergänglich ist, ist es so wertvoll.“ Helga Schäferling

Manchmal schaue ich in den Himmel, wenn die Sonne gerade scheint, und versuche mir die Vergänglichkeit dieses großen Feuerballs bewusst zu machen. Wissenschaftler rechnen ja damit, dass die Sonne noch ein paar Milliarden Jahre durchhält. Aber irgendwann ereilt sie auch das Schicksal vieler anderer Sterne, wenn die Vorräte an Wasserstoff verbraucht sind, die zu Helium verbrannt werden können. Dann wird sie zum „roten Riesen“ und wird dabei die Erde verschlingen und alles was hier lebt. Eine irre Vorstellung. Aber sie ist realistisch, denn alles ist vergänglich.

Für uns heute setzt aber bereits der Tod einen Endpunkt. Jeden Tag unseres Lebens erfahren wir was Vergänglichkeit bedeutet. Die Erde dreht sich weiter, auch wenn Leben aufhört zu existieren. Wir erleben wie im Frühling die ersten

Blumen blühen und wie diese wieder verschwinden. Menschen, Tiere, Pflanzen, alle biologischen Lebewesen altern, und wer war nicht schon auf der einen oder anderen Beerdigung. Man gewöhnt sich an den Gedanken der Vergänglichkeit, auch der eigenen. Ein falscher Schluss wäre sicherlich auf diesen Tag hinzuleben, ihn zu fürchten, der einen Endpunkt für uns darstellt. Natürlich wird dieser Tag kommen. Aber vielmehr sollten wir das Genießen, was davor passiert.

Den Jahreswechsel 2016 auf 2017 war ich in den Alpen. Ich stand auf über 2000 Metern an einem Gipfelkreuz, und genoss die Aussicht und den Sonnenschein. Es war ein toller Augenblick für mich. Das, was es aber noch schöner für mich machte, war der Gedanke, dass ich vermutlich nicht wieder zurückkehren würde an diesen Ort. Die Wahrscheinlichkeit ist zwar da, aber doch sehr gering und dadurch war es ein einmaliger Moment. Auch die Menschen, mit denen ich da oben war, werde ich in diesem Setting nicht nochmal wiedersehen. Schön und einzigartig war dieser Moment also. Wenn es uns gelingt, jeden Tag im Leben als so etwas Einzigartiges, nicht Wiederkehrendes zu verstehen, lernen wir Vergänglichkeit und das, was sie für uns bedeutet, zu genießen. Genießen Sie die Vergänglichkeit. Denn sie macht jeden Tag, jede Stunde, jede Sekunde zu einem einmaligen, nicht rückholbaren Ereignis.

38. Genieße, was dich berührt

„Was dich im Herzen berührt und bewegt, bringt deinen Mund zum Singen." Gudrun Zydek

Es gibt diese bewegenden Momente, wenn man seine Tränen nicht mehr halten kann. Neulich sah ich ein Video von einem Mann aus Äthiopien, dessen Familie in die USA ausgewandert war. Er hatte aber ein Ausreiseverbot und durfte nicht hinterherkommen. Einige Unterstützer der Familie kämpften dafür, dass auch er ausreisen darf. Nach fast vier Jahren war es dann soweit. In diesem Video wurde seine Ankunft am Flughafen gezeigt. Seine Frau war bei der Ausreise schwanger gewesen und er kannte sein viertes Kind nur von Bilder. Es war so bewegend zu sehen, wie der Mann erstmals nach vier Jahren seine Familie in die Arme schloss und Gott auf Knien dafür dankte, dass er wieder bei ihnen und in Sicherheit sein durfte. In dem Moment war ich ganz bei dieser Familie, auch wenn ich keinen davon persönlich kenne.

Im Gehirn gibt es Spiegelneuronen, die uns mit anderen mitfühlen lassen. Wir sind also darauf ausgelegt Mitgefühl mit anderen zu haben und müssen bewusst Distanz halten, wenn wir etwa das Schicksal eines Menschen nicht an uns heranlassen wollen. Wie bewegt waren viele Menschen in Deutschland, als sie den dreijährigen Jungen im Fernsehen sahen, der leblos an der türkischen Küste angespült worden war. Da haben die Spiegelneuronen dafür gesorgt, dass viele Leute neu über das Flüchtlingsthema nachgedacht haben. Wenn uns etwas berührt, dann spüren wir etwas, nehmen etwas wahr, lassen uns auf Gefühle ein und teilen diese mit anderen.

Ich bin der festen Überzeugung, dass nur Mitgefühl und tiefe Beziehungen, die auf das Teilen und Mitteilen beruhen, einen Menschen wirklich erfüllt und glücklich leben lassen. Wer nur bei sich bleibt und mit Scheuklappen durchs Leben geht, wird nie dieses tiefe und umfangreiche Glück erleben, für das wir die anderen dringend brauchen.

Ein Sänger wie Roger Cicero, verstorben 2016, der in einem seiner Lieder von der Endlichkeit des Lebens singt, trifft mich mit seinem eigenen Schicksal ins Herz. Lassen Sie sich berühren von Liedern, Geschichten und Erlebnissen und fühlen Sie mit. Lassen Sie sich berühren, denn das macht uns zu Menschen.

39. Genieße dein Verständnis

„Der Spott endet, wo das Verständnis beginnt." Maria Freifrau von Ebner-Eschenbach

„Das Lernen vieler Dinge lehrt nicht Verständnis." Heraklit von Ephesus

„Die größte Armut des Menschen ist die Armut an Verständnis." Horst Rehmann

Verständnis ist die Fähigkeit sich in etwas oder jemanden hineinzuversetzen, eine innere Beziehung aufzubauen. Es geht also um

Empathie, um Einfühlungsvermögen. Würden Sie sich als empathischen Menschen bezeichnen? Fehlende Empathie ist oft einfach der Unkenntnis oder des Desinteresses geschuldet. Natürlich muss ich mich erstmal für einen anderen Menschen interessieren, um ein Verständnis für seine Situation zu entwickeln.

Im Jahr 2015 ist eine Welle über Deutschland hinweggerollt, die Flüchtlingswelle. Vielen fremde Menschen aus anderen Ländern und Kulturen haben in unserem Land auf eine neue Zukunft gehofft. Es war sehr aufschlussreich zu sehen, wie unterschiedlich die Deutschen auf die Neuankömmlinge reagierten. Einige bekamen Angst von der Islamisierung des Abendlandes und zählten öffentlich die Regierung für ihre Flüchtlingspolitik und den Umgang mit Fremden an. Die Kanzlerin dagegen scheint ein Mensch mit viel Empathie zu sein. Denn nicht die eigenen Ängste bestimmten ihre Vorgehensweise, sondern die Not derer, die an unseren Grenzen um Einlass baten. Sicherlich haben auch die mehr oder weniger verständnislosen Menschen unseres Landes in einigen Punkten nicht unrecht, wenn sie mit ihren persönlichen Sorgen und Ängsten an die Öffentlichkeit gehen. Dennoch möchte ich für Verständnis im Großen wie im Kleinen werben. Versuchen Sie Ihren Nachbarn, Freund, Partner erst zu verstehen, bevor Sie urteilen. Versuchen Sie sich in andere Menschen hineinzuversetzen und genießen Sie die persönliche Reifung, die dabei geschieht.

Man muss sicherlich nicht für alles Verständnis haben. Das können wir auch gar nicht. Wenn Deutschland weiterhin Waffen ins Ausland verkauft, obwohl jedem klar ist, dass Deutsche Waffen im Ausland in ungerechten Kriegen und Konflikten Menschen töten, dann habe ich für die Politik und die Waffenlobby kein Verständnis. Das würde sich auch nicht ändern, wenn ich stundenlang mit den Verantwortlichen über den Sinn und Unsinn des Waffenhandels diskutieren würde. Wenn aber Menschen ihre Heimat verlassen müssen, egal ob Gefahr für Leib und Leben oder einfach wirtschaftliche Gründe der Auslöser sind, dann habe ich Verständnis für diese Menschen. Auch wenn unser Land nicht unbegrenzt Kapazität hat, ist die Angstmache in den Nachrichten und der Bevölkerung in meinen Augen völlig übertrieben. Es mag sein, dass einer von tausend Flüchtlingen keine guten Absichten hat, aber dafür 999 andere ablehnen?

Genießen Sie es, sich in die Situation anderer einzufühlen und Verständnis zu entwickeln, denn das ist eben auch eines der Dinge, die uns zu Menschen machen.

40. Genieße deinen Pragmatismus

„Pragmatismus ist ein schönes Wort für die Neigung, den Weg des geringsten Widerstandes zu gehen.“ Prof. Querulix

Oftmals kommen sie schlecht weg. Die Menschen, die danach fragen, was ihnen etwas bringt. Sie verwerfen Theorien als unbrauchbar und lassen den Großteil ihrer Schulzeit oder ihres Studiums mit einem gleichgültigen Wink hinter sich. Wer kennt diesen Satz nicht: „Du lernst nicht für die Schule, du lernst fürs Leben.“ Pragmatiker würden sagen, es ist genau umgekehrt. Ich lerne für den Lehrer und maximal für die Klausur und danach wird das Thema für mich irrelevant. Die Gefahr dabei liegt natürlich darin, irgendwann ungefiltert jede Neuigkeit als unwichtig abzutun und hinter sich zu lassen. Da haben große Konzerne schon bekannte Fehlereinschätzungen gemacht. Denken wir nur an Nokia oder Siemens, die über die Neuerscheinung des Smartphones gelächelt haben und dachten, sowas setzt sich nie durch. Sie haben ihre Energie auf ihr Kerngeschäft konzentriert und sind damit baden gegangen. Es gibt also durchaus Grund zur Vorsicht.

Menschen die pragmatisch denken, fragen sich, was sie wirklich im Leben brauchen. Ist dieser oder jener Abschluss entscheidend für den Beruf, dann wird investiert und dafür gearbeitet. Das, was überflüssig Energie raubt, wird reduziert. Stellen Sie sich vor, Sie haben einen Vollzeitjob, eine Familie mit Kindern und sollen jetzt noch im Verein oder in der Schule Ihrer Kinder eine wichtige Aufgabe übernehmen. Viele können da nicht nein sagen und übernehmen sich dabei. Das, was eigentlich Spaß machen soll, wird zur Last und bedeutet Stress im Alltag. Die Zeit für die Familie fehlt und die Arbeit wächst einem über den Kopf. Genießen Sie Ihren Pragmatismus und lernen Sie „Nein" zu sagen, wenn Sie eigentlich schon wissen, dass Sie für diese oder jene Sache Abstriche an anderer

Stelle machen müssen, die sicher weh tun werden. Die meisten Menschen können ein klares „Nein“ sehr gut akzeptieren. Probieren Sie es mal aus. Genießen Sie Ihren Pragmatismus.

41. Genieße deine Wünsche

„Der Mensch braucht Wünsche.“ Claude-Adrien Helvetius

„Unerfüllte Wünsche hinterlassen gern Narben.“ Erhard Blanck

„Wünsche und Leidenschaften sterben an ihrer Erfüllung.“ Unbekannt

Es gibt Glückwünsche, gute Wünsche und Herzenswünsche. Mal wünsche ich anderen alles Gute, Gesundheit oder viel Glück im Leben. Mal wünsche ich mir für mich selbst etwas. Das kann eine Kleinigkeit sein. Es kann aber auch ein

Wunsch sein, der schwer oder gar nicht zu erfüllen ist. Wünsche gehören zu unserem Leben dazu. Sie geben ihm oft eine Hoffnung auf eine neue Perspektive. Die Perspektive auf eine positive Lebensveränderung zum Beispiel. Manche Wünsche birgen allerdings die Gefahr, dass wir an ihnen zerbrechen. Wenn eine Familie getrennt wurde und jemand wünscht sich nichts sehnlicher als die erneute Zusammenführung der Familie, dann bedeutet die Erfüllung das reine Glück, aber die Nichterfüllung eben auch großes Unglück. Wünsche sind etwas Wunderbares, denn sie wecken eine Erwartung auf eine positive Veränderung. Mal ist es etwas Materielles, oft sind es aber immaterielle Dinge, wie die Gesundung eines Mitmenschen oder ein neue Lebensperspektive.

Genießen Sie Ihre Wünsche. Aber machen Sie sich nicht von ihrer Erfüllung abhängig. Ein gutes Prinzip kann es sein zu sagen: „Schön, wenn mein Wunsch mal in Erfüllung geht. Wenn aber nicht, hängt mein Lebensglück nicht davon ab. Ich will im Hier und Jetzt glücklich sein.“

Ein guter Freund von mir hatte sich nichts sehnlicher gewünscht, als eine dauerhafte und tragfähige Beziehung. Lange musste er darauf warten, doch auf einmal kam sie in sein Leben. Nach mehreren gescheiterten Beziehungen ist er jetzt verheiratet und Vater eines kleinen Sohnes. Ich habe das Gefühl, er ist jetzt sehr glücklich, denn ein lang gehegter Wunsch ist in Erfüllung gegangen. Und wie es oft so ist, konnte er diesen Zustand nicht selbst herstellen. Natürlich hat er sich in eine Richtung orientiert, sich danach ausgestreckt. Aber letztlich ist es oft, ja was eigentlich, Glück oder das Schicksal oder Fügung, dass ein Wunsch in Erfüllung geht oder auch nicht.

Genießen Sie Ihre Wünsche. Sie machen vital und geben Ihrem Leben eine Richtung.

42. Genieße dein Glück

„Glück ist machbar.“ Manfred Hinrich

„Unglücklicherweise findet Glück nur, wer Glück hat.“ Karl Heinz Karius

„Hoffnung ist halbes Glück.“ Aus der Türkei

„Leben ist Glück.“ Manfred Hinrich

„Einfachheit hält Glück bereit.“ Andreas Tenzer

„Unzufriedenheit tötet das Glück.“ Erhard Horst Bellermann

„Dem Mutigen lächelt das Glück.“ Aus England

„Wo Liebe ist, ist Glück.“ Aus Polen

„Geben ist Glück…“ Peter Rudl

„Da es sehr förderlich für die Gesundheit ist, habe ich beschlossen, glücklich zu sein.“ Voltaire

Seit Jahren schon beschäftige ich mich mit diesem Thema. Es gibt unzählige Bücher über

Glücksforschung und die Frage: Wie werde ich glücklich? Von Roger Cicero gibt es ein Lied, das heißt „Glück ist leicht“. Er beschreibt darin, wie sich das Glück wundersam durch kleine Gegebenheiten wie einen lauen Frühlingsabend oder ein Wiedersehen nach langer Zeit einfach einstellt. Sobald man aber danach greift und es festhalten will, dieses Gefühl glücklich zu sein, bleibt es unerreicht. Der Refrain lautet: „Du kannst es anschrei'n und verfluchen und verzweifelt nach ihm suchen. Wenn du's erzwingen willst, dann bleibt es unerreicht. Kannst dich in deiner Suche baden und es mit Tiefsinn überladen. Es löst sich einfach auf, sobald du nach ihm greifst.“ Ich glaube, das ist tatsächlich die größte Wahrheit über das Glück, auch wenn ich natürlich aktiv etwas für mein Glücksempfinden tun kann.

Ich kann auf etwas hinleben und ich kann meine Wahrnehmung in eine bestimmte Richtung schärfen. In einem guten Zeitschriftenartikel über das Thema fand ich ein paar Prinzipien, die genau damit zu tun haben. Viele Menschen glauben ja, wenn sie erst dieses Auto, jenen Urlaub, das eigene Haus oder den gutbezahlten und erfüllenden Job bekommen, dann werden sie glücklich sein.

Die Glücksforschung spricht aber wenig von materiellen Dingen. Denn das Glücksgefühl, was diese Dinge auslösen, ist oft von kurzer Dauer. Vielmehr geht es um enge Bindungen zu anderen Menschen. Es schätzen zu lernen, was man hat. Es geht um Optimismus nach herben Rückschlägen, ums neugierig bleiben und darum, etwas zu wagen. Die Frage ist sehe ich mich als Gestalter meines eigenen Lebens? Sehe ich einen Sinn in dem, was ich tue? Oder habe ich die Froschperspektive?

Frösche nehmen nur sehr selektiv wahr. Sie sehen nicht die schöne Natur um sich. Sie fixieren nur die Fliege, die sie fressen wollen. Ich könnte auch fragen, fühlen Sie sich in der Regel als Opfer oder als Gestalter Ihres eigenen Lebens? Seien Sie kein Frosch!

Humorvolle Menschen sind in der Regel auch glückliche Menschen.

Können Sie über alltägliche Dinge lachen oder lassen Sie viele Dinge kalt? Vera F. Birkenbihl, eine Motivationstrainerin und Autorin, beschreibt in einem ihrer Vorträge über Humor eine Schwelle, bei der wir anfangen etwas anregend oder lustig zu finden. Wo manche also schon herzhaft über etwas lachen können, lässt die gleiche Situation bei anderen jedwede Regung vermissen. Warum ist das so? Auch das hat wieder mit der Froschperspektive zu tun. Wenn meine Wahrnehmung zu sehr auf meine Opferrolle oder allgemein negative Gedanken und Geschehnisse fixiert ist, brauche ich viel mehr Reize, um aus diesem Loch in eine humorvolle Situation hineinzukommen. Da muss der Spaßvogel schon einen genialen Witz parat haben, die Pointe muss sitzen und am besten, man liegt dabei am Strand bei sommerlichen Temperaturen und hat gerade keine anderen Sorgen, als von der Sonne rotbraun gebrutzelt zu werden. Es hängt also stark von Ihrer Perspektive ab, wieviel positive Aspekte des Lebens, die ja zweifelsohne vorhanden sind, an Ihrer Wahrnehmungsschwelle Einlass finden.

Es gibt aber auch das Glück des Zufalls. Wenn etwas besser ist als erwartet, stellt sich dieses Glück ein. Ich rufe im Radio an und gewinne die Reise in die Karibik, weil ich als erster durchgekommen bin und die richtige Antwort wusste.

Aber dieses Glück ist noch leichter als das Beziehungsglück. Danach zu greifen und sich daraus große Erfüllung zu erwarten, macht noch viel weniger Sinn. Fangen Sie stattdessen bei sich an und genießen Sie Ihr persönliches Glücksempfinden. Wenn Sie morgens aufstehen, seien Sie dankbar für den neuen Tag, den Sie jetzt gestalten dürfen. Dankbar für Ihre Familie und Freunde, für Ihre Arbeit und das, was Sie Ihr Eigen nennen dürfen. Führen Sie ein Glückstagebuch. „Heute bin ich dankbar für…es war ein schöner Moment als…ich habe genossen, dass…"

Warten Sie nicht darauf, dass das große Glück zu Ihnen kommt. Finden Sie es in kleinen, besonderen Momenten. Wenn Sie mit geliebten Menschen lachen oder weinen können. Emotionen spielen dabei die Hauptrolle. Ihre Wahrnehmung ist aber genauso entscheidend.

Einmal hörte ich die Geschichte einer alten Frau. Ihr Mann war lange gestorben und sie war schwer krank, lag im Krankenhausbett und wurde selten besucht. Ein Pfarrer ging schweren Herzens bei ihr vorbei und erwartete eine alte, einsame und verbitterte Frau. Sie wirkte aber sehr glücklich, als sie dort im Krankenhausbett vor ihm lag. Er war neugierig und fragte, warum sie so glücklich sei. Sie erzählte ihm darauf, dass draußen in der Krone des Baumes vor ihrem Fenster ein Spatzenpaar brütete und sie nun voller Erwartung die ersten Flugversuche beobachten konnte und mit den Kleinen mitfieberte, ob sie das Fliegen auch unversehrt erlernen würden.

Wer in der Lage ist seine Sinne auf das Schöne und Erfüllende in seiner Umgebung und seinem Leben zu konzentrieren, wird nicht automatisch glücklicher. Aber er schlägt eine Richtung ein, die Glücksmomente wahrscheinlicher macht und dadurch das empfundene Lebensglück befördert.

Probieren Sie es aus. Genießen Sie Ihr persönliches Glück.

43. Genieße deine Motivation

„Jeder Mensch braucht Motivation um handeln zu können.“ Unbekannt

„Ist unsere Motivation stark und heilsam, können wir alles vollbringen.“ Dalai Lama

Kennen Sie auch diese Tage? Die Nacht war unruhig. Man wacht mit einem Brummschädel auf, weil um 5.45 Uhr der Wecker bereits klingelt und die nächsten Schritte des Tages diktiert. Noch halb benommen stolpert man unter die Dusche, zieht sich an und macht den ersten Kaffee des Tages. Von Motivation ist noch keine Spur. Und doch ist der Terminkalender voll und viele Dinge müssen angepackt werden.

Wer war nicht schon völlig unmotiviert mit einer Sache beschäftigt und hat dann schnell gemerkt, wie langsam bzw. unbefriedigend die eigene Arbeit vorangeht. Nun lässt sich fragen: Liegt es an mir oder an meiner Tätigkeit, dass hier eindeutig die Motivation fehlt? Die Motivationspsychologie spricht von Wünschbarkeit und Machbarkeit von Zielen, die Motivation auslösen („Motivation“, Heinz-Dieter Schmalt).

Es geht also erstmal darum, Ziele bei einer Tätigkeit zu haben, um überhaupt eine Motivation zu finden. Der Mensch braucht Ziele.

Ich treibe Sport um abzunehmen. Ich lerne für die Prüfung, um zu bestehen. Ich treffe einen Freund, um Beziehung zu pflegen oder weil es mir guttut. Wenn ich keine Antwort darauf finden kann, warum und wieso ich etwas machen will, verliere ich schnell die Motivation und werde nur schleppend oder gar nicht mehr vorankommen.

Genießen Sie es also Dinge zu tun, die für Sie ein Ziel und einen Sinn haben. Die Motivation kommt dann oft wie von allein und braucht nicht extra gesucht zu werden.

In meinem Gartenhaus war das Dach kaputt und ich war erst völlig unmotiviert es zu reparieren. Als mir aber immer klarer wurde was passiert, wenn ich mich nicht darum kümmere, nämlich Schimmel in der Gartenhütte und eine darauffolgende Unbenutzbarkeit derselben, war ich sehr motiviert. Ich hatte also ein Motiv. Ich wollte verhindern, dass es soweit kommt. Wer eine starke Motivation hat, der kann fast alles erreichen. Ein positives Ziel oder eine Angst vor etwas Negativem vorausgesetzt. Fragen Sie sich bewusst: Was bringt mir diese oder jene Handlung in Zukunft oder was passiert, wenn ich sie nicht ausführe? Wenn sich dann keine Motivation einstellt, verwerfen Sie diese Handlung. Sie hat keine Bedeutung für Sie.

Genießen Sie Ihre Motivation.

44. Genieße deine Ziele

„Wertvolle Ziele verlängern das Leben." Alfred Selacher

„Wer keine eigenen Ziele hat, der verwirklicht die Ziele anderer." Unbekannt

Als ich diese Zeilen schreibe ist es gerade tiefster Winter und die Schneeflocken tanzen vor meinem Fenster. Vor wenigen Tagen haben die Menschen rund um den Erdball ein neues Jahr begrüßt und nicht wenige davon mit guten Vorsätzen. Weniger Rauchen, Essen, mehr Sport treiben, mehr Zeit mit der Familie verbringen und weniger Arbeiten. Das sind eigentlich typische Vorsätze, die gern von vielen Menschen gemacht werden. Das hat allerdings nicht viel mit den

Zielen zu tun, auf die ich wirklich „gezielt“ hinarbeite und stolz darauf bin, wenn ich sie erreiche.

Ein Olympionike, der sich in seiner Disziplin auf die Spiele vorbereitet, tut das in der Regel mit einem besonderen Ziel, eine Medaille zu gewinnen. Welcher Sportler fährt zu den Olympischen Spielen, ohne nur einen Gedanken an den Sieg zu verschwenden? Dabei sein ist alles? Nein! Keiner der Sportler tritt nur an, um dabei zu sein. Jeder möchte gewinnen oder wenigstens eine Bronzemedaille gewinnen, wenn Gold und Silber schon anderen am Hals baumelt. Wer kein solches Ziel verfolgt wird auch nichts erreichen. Wer nur dabei sein will und dementsprechend trainiert, wird hinterher keine Medaille um den Hals tragen. An dieser Stelle ist uns das allen klar.

In unserem eigenen Leben fehlen oft die Ziele. Man lebt so vor sich hin. Während der Schulzeit gab es noch den Schulabschluss, später den

Berufsabschluss oder das Studium zu bewältigen. Das war ein klares Ziel. Vielleicht wollte man einen Partner und eine Familie gründen. Auch das mag früher oder später gelingen. Aber welche Ziele habe ich dann noch? Soll das Erreichte bewahrt werden? Leben wir dann einfach vor uns hin und hoffen, möglichst lange gesund zu bleiben? Klar, auch das ist ein Ziel. Ich will gesund bleiben. Dafür kann ich Sport machen und mich gesund ernähren. Aber schnell sind wir wieder bei den guten Vorsätzen. Das ist doch kein Ziel wie eine Medaille bei Olympia, eben recht unkonkret.

Viele Menschen halten es mit solchen Vorsätzen. Worte wie „irgendwann" oder „weniger" sind so unkonkret, dass wir es uns selbst schwermachen, ein klares Ziel zu erreichen. Wer weniger rauchen möchte, muss klar formulieren wieviel weniger. Statt einer Schachtel am Tag nur noch eine halbe Schachtel. Das wäre zumindest konkreter als der Vorsatz, einfach weniger rauchen zu wollen.

Noch besser wäre es wenn ein Datum feststünde, zu dem man aufgehört haben will. Dann wird deutlich, ob das Ziel erreicht wurde oder nicht.

In jeder Firma werden von der Firmenleitung möglichst konkrete Ziele festgelegt. Ein Fertigungsbetrieb will eine festgelegte Stückzahl produzieren, ein Autobauer so und so viele Autos im Jahr verkaufen. Ohne Ziele funktioniert es nicht.

Im Privaten geht es uns letztlich genauso. Ohne eigene Ziele werden wir für die Ziele anderer eingespannt. Das muss nicht unbedingt nur schlecht sein. Aber wer nur noch für die Ziele anderer lebt, wird etwas im eigenen Leben vermissen.

Welche Ziele haben Sie sich für dieses Jahr gesteckt? Was wollen Sie erreichen? Einen Abschluss schaffen oder einen neuen Partner finden? Eine eindrückliche Reise erleben oder vielleicht ein Haus bauen? Wenn ein Ziel erreicht ist feiern und genießen Sie es. Wenn Sie sich ein neues Ziel gesetzt haben genießen Sie es, dieses Ziel effektiv und mit Freude zu verfolgen. Sie werden spüren, wieviel es Ihrem Leben gibt, wenn Sie klare Ziele haben. Keine unerreichbaren, keine unkonkreten Vorsätze und Luftschlösser, sondern klare und umsetzbare Ziele. Genießen Sie Ihre Ziele.

45. Genieße es zu leben, nicht gelebt zu werden

„Es gibt Menschen, die nicht leben, sondern gelebt werden.“ Karl Friedrich May

„Wie viele werden zu Grabe getragen, obwohl sie nicht gelebt haben.“ Anke Maggauer-Kirsche

„Lebendig ist, wer stark und edel strebt. Die anderen Leben nicht, sie werden gelebt.“ Friedrich Lienhard

Ich stieß auf dieses Thema, als ich einen Vortrag von Walter Kohl, dem Sohn unseres Exbundeskanzlers hörte, der von seiner Zeit als Angestellter in einer Frankfurter Bank berichtete. Er war ganz und gar nicht glücklich auf seinem Posten und hatte eben dieses Gefühl. Das Gefühl, nicht am richtigen Platz zu sein und nicht wirklich das Leben zu leben, das für ihn bestimmt ist. Es fühlte sich wie Zeitverschwendung an, auch wenn der Verdienst sicher nicht schlecht gewesen ist.

Vermutlich gibt es mehr Menschen in unserem Land, die genau an dieser Sache leiden. Solche die ihr Leben nicht selbstbestimmt leben. Wie viele Berufstätige sitzen bei uns in Büros am Rechner oder stehen an irgendwelchen Maschinen und freuen sich Tag für Tag, Woche für Woche nur auf ihren Feierabend und das Wochenende bzw. den Urlaub. Da wird im Empfinden der Leute täglich Lebenszeit verschenkt. Auf dem Weg zur Arbeit im Zug oder

Straßenverkehr. Dann die vielen Stunden im Unternehmen, das einem eigentlich nur als Geldquelle dient und keine wirkliche Inspirationsquelle darstellt. Man identifiziert sich nicht mit seiner Arbeit und so wird sie schnell zum nötigen Übel.

Natürlich wird das zusätzlich vom Menschenbild einiger Unternehmen befördert. Wenn die Mitarbeiter minutengenau ihre Arbeitszeit abstempeln müssen und die Arbeitsleistung genau kontrolliert wird, schafft das Unfreiheit und zeugt von dem Bild eines Mitarbeiters, der grundsätzlich faul oder zu langsam ist und dazu neigt, sein Unternehmen zu hintergehen.

Ein guter Freund von mir arbeitet in einer Firma als IT-Experte. Er hat zwar auch diese Zeitüberwachung aber er kann auch hin und wieder Stunden aufschreiben lassen, die er z.B. zu Hause am Wohnzimmertisch mit dem Rechner geleistet hat. Und so sitzt er gern am Sonntag in Unterhose mit einer Tasse Kaffee am

Wohnzimmertisch und programmiert für sein Unternehmen. Weil es ihm Spaß macht und es ihm wichtig ist, dass Prozessabläufe in seiner Firma zum Wohle der Mitarbeiter optimiert werden. Ich bin im Bereich Programmieren nicht bewandert und wundere mich dann oft, wieviel Begeisterung er versprüht, wenn er von den Problemen erzählt, die er lösen darf. Es ist zwar nicht seine Traumstelle dort, weil die Firmenstrukturen sehr hierarchisch sind und der Einzelne sich nicht so gut einbringen kann, wie es von Vorteil für das Unternehmen wäre. Aber er findet doch eine gewisse Erfüllung in seiner Aufgabe und identifiziert sich mit seinem Unternehmen. Er lebt seine Rolle als IT Experte und wird nicht nur gelebt wie manch anderer, der dort neben ihm arbeitet und schlicht seine Pflicht erfüllt.

Aufgrund falscher Sicherheiten, in denen sich Menschen wiegen, tun sie ein Leben lang Dinge, die sie als Zeitverschwendung empfinden und werden dabei gelebt, anstatt selbst zu leben und ihr Leben zu bestimmen. Wie würde sich das anfühlen, wenn Sie ganz und gar selbstbestimmt Ihr Leben leben würden? Sie stehen morgens mit einem Lächeln auf, springen unter die Dusche und gehen fröhlich der Arbeit nach, die Ihnen so viel bedeutet. Aber was bedeutet Ihnen viel? Wofür kämpfen Sie? Was ist Ihnen wirklich wichtig? Vielleicht müssen Sie nicht viel über diese Fragen nachdenken. Vielleicht braucht es aber doch eine Zeit um klarer zu sehen, wofür Ihr Herz wirklich schlägt. Wenn Sie das wissen, wäre der nächste Schritt zu fragen, wie Sie das, wofür Ihr Herz schlägt, beruflich machen können und welche Schritte dafür nötig wären. Das kann erstmal ein riesen Berg an Veränderungen sein. Aber wer den ersten Schritt gegangen ist, dem fällt der zweite oft gar nicht mehr schwer.

Eine andere Möglichkeit ist, sich mit seiner derzeitigen Lebenssituation und Arbeitssituation neu zu identifizieren. Das ist sogar oft leichter als eine Komplettveränderung. Wenn Sie morgen mit einem Lächeln zur Arbeit gehen und mit dem Wunsch, Ihrem Arbeitsgeber mit Ihrer Kraft und Ihrem Können dienen zu wollen, werden Sie eine Veränderung bemerken. Sie haben es in der Hand. Wenn Sie es schaffen, Ihre Gedanken in Bezug auf Ihren Arbeitsplatz zu verändern, werden auch Ihre Gefühle nachkommen und eine neue Identifizierung kann stattfinden. Aber falls Sie gerade denken: „Das klappt nie. Mit diesem Job oder dieser Stelle kann ich mich niemals besser identifizieren. Das wird immer ein Mittel zum Zweck bleiben." Dann empfehle ich Ihnen, über eine Neuorientierung nachzudenken. Wir leben in modernen Zeiten und da ist so etwas weder ungewöhnlich noch unmöglich. Den ersten Schritt müssen Sie aber selbst gehen. Genießen Sie es Ihr eigenes Leben zu leben, nicht gelebt zu werden.

46. Genieße dein Einfühlungsvermögen

„Einfühlungsvermögen ist der Reichtum unseres Herzens." Almut Adler

„Einfühlungsvermögen wird in kein Konto eingezahlt. Es wird in Deine Mitmenschen investiert." Ursula Schachschneider

„Der schlimmste Fehler des Menschen ist der Mangel an Einfühlungsvermögen…" Joseph Addison

Empathie ist heute ein geflügeltes Wort. Es bezeichnet die Fähigkeit und auch die Bereitschaft, die Gefühle und Gedanken eines anderen Menschen zu verstehen. Darauf folgt dann eine angemessene Reaktion. Empathische Menschen wissen auch über ihre eigenen Gefühle und Empfindungen gut Bescheid und können sich somit gut in andere hineinversetzen.

Meine Schwester ist mit ihrem Mann seit einiger Zeit im Ausland und bekam Besuch von ihren Schwiegereltern. Es war um die Weihnachtszeit und da vermisste sie ihre eigene Familie doch sehr. Außerdem sind zwei unserer Großeltern kürzlich gestorben, auf deren Beerdigung sie aufgrund der Entfernung nicht dabei sein konnte, um persönlich Abschied zu nehmen. Als ihr Schwiegervater sie sah, fing er spontan an zu weinen. Er wusste gar nicht genau was sie in dem Moment bewegte, aber er sah, dass es seiner Schwiegertochter nicht gut ging. Ich weiß nicht, ob ihm die Geschichte peinlich ist, wenn ich sie hier erzähle. Aber mich beeindruckt so viel Einfühlungsvermögen. Das ist es doch, was uns zu Menschen macht. Dass wir die Trauernden trösten und mit den Fröhlichen lachen können. Und das geht nur, wenn wir einen Moment so fühlen wie sie.

Meine Nachbarin unter uns erzählte mir neulich, sie hätte sich letztens abends kaputtgelacht. Als ich fragte was so lustig war, erzählte sie mir, dass sie mich durch die Decke hat laut lachen hören und obwohl sie nicht wusste worüber, konnte sie nicht anders als mitzulachen. Natürlich konnte ich das in dem Moment nicht wissen. Es zeigt aber, Lachen ist ansteckend. Starke Gefühle sind ansteckend und wir können mitfühlen.

Wenn ein Bekannter Ihnen von seinen Leiden erzählt, versuchen Sie mitzufühlen. Wenn der Nachbar überschwänglich und begeistert von seinem Urlaub erzählt, fühlen Sie mit und freuen Sie sich mit ihm. Denn das macht Ihr Leben reicher.

47. Genieße deine Geduld

„Geduld ist Arbeit.“ Manfred Hinrich

„Wer Geduld übt, gewinnt Weisheit.“ Unbekannt

„Die Geduld ist das Schwert der Klugen.“ Unbekannt

„Geduld ist der Schlüssel zur Zufriedenheit." Sprichwort

„Geduld hilft, das Leben zu meistern." Sprichwort von den Haussa

„Geduld ist die Tugend der Glücklichen." Baruch de Spinoza

„Geduld ist der Schlüssel zur Freude." Aus der Türkei

„Das Unerreichbare wir erreichbar durch Geduld." Dr. Carl Peter Fröhling

„Geduld zeugt von wahrer innerer Stärke." Dalai Lama

Ich liebe Naturdokus. Gerade an kalten Winterabenden finde ich nichts schöner, als in ferne, fremde Welten einzutauchen und einem Eisbären in der Arktis bei der Robbenjagd oder einem Leoparden in der Savanne bei der Pirsch zuzuschauen. Es fasziniert mich einfach, mit welchen Strategien diese Tiere ihr täglich Brot verdienen. Bei Raubtieren hat oft nur ein Bruchteil aller Angriffe Erfolg und der Ausgang ist nie gewiss. Manchmal kann sich das Gnu noch in letzter Sekunde aus dem Maul des Löwen befreien oder der Büffel dreht den Spieß um und beginnt anzugreifen, so dass seine Peiniger selbst Opfer werden und um ihr Leben fürchten müssen.

Wichtige Faktoren bei der Jagd sind immer Erfahrung und Geduld. Ein älteres Tier, das schon viele Jagderfolge hatte, tut sich in der Regel leichter, als ein Jungtier, das wichtige Jagdstrategien erst verinnerlichen muss. Der andere Faktor ist die Geduld des Räubers. Manches Tier wartet stundenlang auf seine Beute und rührt sich nicht vom Fleck. Eine Regel lautet: Wer sich zu früh rührt, hat verloren. Wenn der Räuber sich durch seine Bewegungen verrät oder zu früh aus der Deckung springt und angreift, ist sein Opfer meist schon mit zu viel Vorsprung unterwegs, um es noch zu erwischen.

Ein eher spaßig gemeintes Gebet lautet: Herr, schenke mir Geduld, aber bitte sofort! Sind Sie ein geduldiger Mensch? Ich kenne das aus dem Straßenverkehr. Da steht vor einem ein Müllauto oder der Bus und versperrt den Weg oder es muss noch jemand vor einem wenden, bis die Straße wieder frei wird zur Weiterfahrt. Es handelt sich dabei meist nur um Sekunden. Genauso an der Ampel, wenn es grün wird und der Erste vorne fährt nicht sofort los. Da wird gerne gehupt. Natürlich nur, um den Vordermann freundlich darauf aufmerksam zu machen, dass die Ampel bereits auf Grün gesprungen ist.

Wir haben in der Regel nicht viel Geduld. Mit uns selbst nicht und mit den anderen schon gar nicht. Dabei ist es bei uns wie bei den Tieren in der Doku. Der Geduldige gewinnt. Was gewinnt er? Das Leben! Denn geduldig zu sein bedeutet, mit ungestillten Sehnsüchten und unerfüllten Wünschen gut leben zu können.

Und davon gibt es schließlich genug im Leben. Auch leidvolle Zeiten lassen sich so besser ertragen. Denn wer sofort wieder gesund oder oben auf sein möchte, wird mit vielen Enttäuschungen leben müssen. Es gibt eben viele Faktoren im Leben, die wir nicht direkt beeinflussen können. Da heißt es Geduld zu lernen und zu entspannen, wenn man sich mal wieder im Stau auf der Autobahn ganz hintenanstellen muss. Warum nicht ein Gespräch über ein interessantes Thema beginnen, seine Lieblings CD oder ein gutes Hörbuch anmachen und sich darauf konzentrieren.

Von meiner Wut oder meinem Ärger über die Zeitverzögerung wird die Situation kein Stück besser. Im Gegenteil!

Ungeduldige Autofahrer, die anfangen zu dicht aufzufahren, zu hupen oder in Lücken zu springen, vielleicht noch auf dem Standstreifen vorbeizischen, erhöhen in so einer Situation die Unfallgefahr eklatant. „Ich muss schnell an mein

Ziel, lasst mich vorbei" bedeutet den anderen eben auch: „Meine Interessen sind wichtiger als die der anderen." Das mag für den Einzelnen in seiner Wahrnehmung stimmen, ist aber nicht unbedingt sympathisch. Schließlich zeigt der Geduldige auch Demut und erhebt sein Ego nicht über andere.

Der Sportler, der verletzungsbedingt pausieren muss, tut gut daran sich zu schonen und nicht verfrüht wieder mit dem Training zu beginnen. Geduld ist gefragt. Sonst wird die Verletzungspause unter Umständen noch viel länger als gedacht.

Genießen Sie Ihre Geduld. Es ist zu Ihrem eigenen Besten und Ihre Mitmenschen werden Sie dafür lieben und bewundern.

48. Genieße deinen inneren Frieden

„Innerer Friede beruht nicht auf Konfliktlosigkeit, sondern auf die Fähigkeit mit Konflikten fertigzuwerden." Unbekannt

„Der innere Friede ist das Ziel bewußter Lebensführung." Dr. Joshua Loth Liebmann

„Innerer Frieden weist dir den Weg zu dir selbst." Edith Tries

„Wer keinen inneren Frieden kennt, wird auch in der Begegnung mit anderen keinen inneren Frieden finden." Dalai Lama

Der Heilige Augustinus soll mal gesagt haben: „Unruhig ist mein Herz, bis es ruht in dir, Herr."

Tatsächlich nehme ich es bei vielen meiner Zeitgenossen wahr, dass ihre Ausstrahlung wenig bis keine innere Ruhe und inneren Frieden erahnen lässt. Sicher ist eine innere Unruhe auch mal hilfreich, z.B. beim Sport und bei Tätigkeiten, die die volle Konzentration fordern. Dennoch sehnen wir uns nach innerem Frieden und versuchen, diesen Frieden oft irgendwo zu finden. Der eine spart auf eine Reise nach Indien, weil er dort sein inneres Chakra finden will. Ein anderer geht für eine Woche ins Kloster oder probiert es mit Yoga.

Der Weg zu innerem Frieden ist oft steinig, wenn der Alltag und die Umstände einen Menschen weit davon weghalten. Eine unruhige Nacht, weil Sorgen plagen. Ein Tag mit vielen Geschäftskunden, die vielleicht unmögliche Forderungen stellen und dazu noch unfreundlich sind. Alles muss schnell, schnell und sofort gehen. Und auf dem Weg zum Termin landet man auch noch im Stau. Selbst der Urlaub kann durch hohe Erwartungen und Stress durch die ungewohnte Umgebung und unplanmäßige Vorkommnisse den inneren Frieden empfindlich beeinflussen.

Wie kann es also gehen, dass wir unseren inneren Frieden finden und erhalten, vielleicht unabhängig oder sogar trotz der äußeren Umstände?

Ich denke, Augustinus liegt ganz richtig, wenn er die Ruhe seines Herzens, den inneren Frieden nicht von äußeren Umständen abhängig macht. Er sagt nicht, wenn ich erst in Rente gehe findet mein Herz Ruhe. Oder wenn ich mal alleine im Wald unterwegs sein kann oder den Jakobsweg laufe. Übrigens ein zunehmender Trend in der heutigen Zeit.

Innerer Friede ist mehr als ein Wochenende am Strand in der Sonne. Er entsteht durch die Überzeugung, dass ich es nicht bin, der die Welt am Rotieren halten muss. Ein Gedanke kann dabei helfen.

Ich stelle mir die Welt in 100 Jahren vor. Auch dann werden Menschen zur Arbeit gehen, Dinge erledigen, miteinander streiten und Konflikte austragen. Nur werde ich dann weder etwas dafür noch dagegen tun können. Die Erde dreht sich weiter auch ohne mich. Allein dieser

Gedanke gibt mir schon einen inneren Frieden. Ich darf und soll diese wenigen Tage auf unserem Planeten genießen, die viel zu schnell vorbei sind.

Manch einer schlägt sich, nachdem die Sonne aufgegangen ist, von einer stressigen Situation zur anderen und geht unzufrieden und friedlos ins Bett. Lassen Sie sich nicht von äußeren Umständen Ihren inneren Frieden nehmen. Stellen Sie sich vor, wie Sie wenige Jahre Tag für Tag durch den Äther des Universums gleiten. Dabei begegnen Ihnen Menschen und Situationen, Herausforderungen und auch Probleme. Wenn es Ihnen gelingt diese dennoch als Geschenk zu betrachten, die Ihnen dieser Tag, an dem Sie abermals leben und atmen dürfen, gebracht hat, werden Sie nicht mehr so leicht aus der Ruhe kommen. Natürlich will das Leben gemeistert werden. Aber in der Ruhe liegt die Kraft.

Auch das Thema Souveränität ist dabei wichtig, aber davon lesen Sie in einem anderen Kapitel. Genießen Sie Ihren inneren Frieden.

49. Genieße deine innere Stimme

„Wer immer nur auf seine Mitmenschen hört, wird mit der Zeit schwerhörig für seine innere Stimme." Ernst Ferstl

Jeder Mensch führt Selbstgespräche, laut und leise. Es ist also nicht die Ausnahme, dass Sie in stillen Momenten oft Ihre eigenen Gedanken reden, abwägen und diskutieren hören. Es ist die Regel. Von Pilgern, die einen weiten Weg allein zu Fuß gegangen sind, weiß man, dass sie erleben, wie nach Tagen des Schweigens und Laufens die inneren Stimmen leiser werden. Im Alltag aber sind diese Stimmen sehr präsent.

In Goethes Faust heißt es so treffend: „Zwei Seelen wohnen, ach! In meiner Brust.“

Die moderne Psychologie und Kommunikationsforschung würde dem zustimmen und ergänzen, dass es durchaus mehr als zwei Seelen oder innere Stimmen sind, die da miteinander im Gespräch oder im Widerstreit sind.

Der Kommunikationsforscher Friedemann Schulz v. Thun schreibt im dritten Band der Reihe „Miteinander Reden“ sogar von einem „Inneren Team“.

Das kann man sich vorstellen wie einen Konferenztisch in unserem Kopf, an dem verschiedene Persönlichkeiten zu Wort kommen. Ein schönes Beispiel, das er verwendet um dies klarzumachen, ist die Begegnung mit einem Bettler auf der Straße.

Eine Situation, die so fast jeder schon erlebt hat. Da kommt einem ein Bettler entgegen und bittet um etwas Kleingeld. Sofort melden sich die inneren Stimmen zu Wort. Da ist der Hilfsbereite, der sofort zum Portmonee greifen möchte. Der auf sich selbst Bedachte bremst aber gleich ein und sagt im Inneren: „Ich habe doch keine Zeit und muss zu einem Termin. Außerdem muss ich doch auch für mein Geld arbeiten." Der Mitleidige meldet sich vielleicht auch noch zu Wort und meint: „Der arme Kerl. Ich könnte auch in seiner Situation sein." Das sind nur einige wenige Stimmen, die in so einer Situation eine Rolle spielen können.

Manche Stimme des „Inneren Teams" ist laut, manche leise. Die eine ist dominant, die andere eher zurückhaltend. Ebenso wie in einem richtigen Team, das aus einzelnen Menschen besteht. Die innere Teamsitzung kann kaum wahrnehmbar in wenigen Sekunden stattfinden. Man kann sich mit gewissen Situationen und Fragen aber auch gern Tage und Wochen herumquälen und das Für und Wider wird im „Inneren Team" wieder und wieder besprochen.

Genießen Sie Ihre inneren Stimmen, indem Sie einen starken Teamleiter oder Moderator einsetzen. Das sind Sie selbst, Ihr Ich. Ein guter Teamleiter lässt alle Stimmen zu Wort kommen und respektiert ihre Meinung. Zuletzt trifft er eine Entscheidung, wie mit der Situation umgegangen wird. Das kann ein Kompromiss oder eine Entscheidung aufgrund einer Einzelstimme sein. Wichtig ist, dass Sie (und Ihr Team) gut mit dieser Entscheidung leben können und Sie nicht mit Selbstbeschuldigungen und Selbstzweifeln durchs Leben gehen. Plappern Sie also nicht, wie Ihnen der Schnabel gewachsen ist. Da kommt jedes Teammitglied ungefiltert an die Öffentlichkeit und das kann sich sehr zu Ihrem Nachteil entwickeln. Entscheiden Sie also bewusst als Teamleiter Ihrer Persönlichkeit, was nach außen dringen soll und was nicht. Die Regel: „Reden ist Silber, Schweigen ist Gold." Ist seit jeher ein guter Tipp.

Genießen Sie Ihre Inneren Stimmen.

50. Genieße dein Verlangen

„Jedes menschliche Tun ist vom Verlangen ausgelöst.“ John Ruskin

Die Werbung weckt Verlangen in uns. Dinge, die uns gerade noch egal waren, rücken in den Fokus und werden begehrt. So gibt man schnell Geld für Sachen aus, die man ursprünglich gar nicht haben wollte oder braucht. Wir leben eben in einer Konsumgesellschaft, die davon lebt, dass jeder Mensch ein Konsument ist und möglichst wenig repariert und lange nutzt, sondern viel neu kauft. Das hält die Wirtschaft vital, ist aber meist schlecht für die Umwelt. Das Stichwort Nachhaltigkeit spielt dabei ebenfalls eine Rolle. Wer Einweggeschirr und ein T-Shirt für die Disko am Wochenende kauft lebt eher nach dem Motto

„Nach mir die Sintflut“. Aber das ist soll hier gar nicht das Thema sein.

Verlangen kann sehr negativ sein. Wenn es egoistisch bleibt. Ich will dieses Auto haben. Ich will dorthin in den Urlaub fliegen und zwar sofort. Mein Partner soll mir öfter eine Überraschung machen. Mich verlangt nach Abwechslung vom Alltag.

Verlangen hat aber auch eine positive Seite. Die Frage ist wonach wir verlangen. Wenn mich nach sozialer Gerechtigkeit, Gemeinschaft mit anderen oder glücklichen Kindern verlangt, dann bin ich motiviert in eine gute Richtung zu handeln. „Das Glücksprinzip“ ist ein guter Film, der das Verlangen nach der Weitergabe von Glück und Hilfsbereitschaft, Liebe und Geborgenheit behandelt.

Das Glücksprinzip ist eigentlich so simpel. Wenn es mich nach der Hilfe anderer verlangt, muss ich zuerst selbst jemandem helfen. Dadurch sähe ich in seinem Herzen Dankbarkeit und den Wunsch diese Hilfe an andere weiterzugeben. Ich erschaffe mit meiner Hilfe und meinem Verhalten das Verlangen beim anderen ebenfalls jemanden Hilfe zu leisten oder Liebe zu geben. Jeder Mensch ist gewillt, das, was ihm getan wurde, weiterzugeben. Kinder, die geschlagen wurden, schlagen als Erwachsene oft auch ihre eigenen Kinder. Menschen, die selbstlose und liebevolle Hilfe erfahren, werden ebenfalls Liebe weitergeben wollen. Sie tun eben das, was ihnen selbst widerfahren ist.

Kultivieren Sie also Ihr Verlangen nach Dingen, die das Leben lebenswerter machen für alle Menschen. Genießen Sie Ihr Verlangen.

51. Genieße deine Zustände (Müdigkeit, Euphorie)

„Wer seine Müdigkeit bekämpft: Nikotin, Alkohol, Tee und Kaffee- legt seinem treusten Wächter eine Binde um die Augen.“ Carl Ludwig Schleich

„In der Euphorie liegt viel Energie.“ Erhard Horst Bellermann

Das ist schon manchmal hart gewesen als Student. Da nimmst du dir vor, am Abend noch ein einige Seiten in einem wichtigen Buch durchzuarbeiten, weil du es tagsüber nicht schaffst. Wenn es dann aber soweit ist und du mit vollem Bauch abends um acht Uhr am Schreibtisch sitzt, wandert der Blick immer wieder weg von den Buchseiten und du fängst an, irgendwohin zu starren, auf die Wand, aus dem Fenster. Dann gehst du nochmal auf Toilette und so ist es Ruck Zuck so spät, dass du nur noch ins Bett gehen willst.

Müdigkeit und Konzentration. Das geht nur schlecht zusammen. Ich habe mir angewöhnt, meine Zustände zu genießen. Wenn ich morgens aufstehe muss ich aufpassen, dass ich nicht an der Bettkante mit dem Knie hängen bleibe. Ich bleib dann lieber noch einen Moment auf dem Bett sitzen und schaue aus dem Fenster. Wenn ich danach direkt ins Bad wanke und mir schnell kaltes Wasser über Gesicht und Nacken gieße, ist der Kreislauf schnell in Gange. Einen Espresso später und wenn ich draußen an der frischen Luft war, fühle ich mich fit wie ein Turnschuh und kann konzentrierter Arbeit nachgehen. Würde ich direkt morgens nach dem Aufstehen versuchen ein wissenschaftliches Buch zu beackern, ich würde scheitern.

Auch nach dem Mittagessen konzentriert sich der Körper auf Verdauung und die Zentrale, das Gehirn, geht dann gern in den Ruhemodus. Bekämpfen Sie solche Zustände nicht. Versuchen Sie nicht, sie zu umgehen. Genießen Sie die Phasen der Müdigkeit und wenden Sie sich passenden Tätigkeiten zu, die Ihren Geist nicht sonderlich fordern. Hören Sie Musik, machen den Fernseher an oder legen Sie sich gleich auf die Couch und machen die Augen zu. Wir haben unseren Biorhythmus nicht umsonst.

Gerade abends möchte Ich manchmal gerne noch die Welt einreißen, aber wenn die letzte Nacht eher kurz war und sonst auch wenig Ruhe zur Erholung da war, wird der Abend meist kürzer. „Heute werde ich nicht alt" ist ein Spruch, den ich sehr passend finde. Geben Sie sich der Müdigkeit hin. Schließen Sie die Augen und rollen Sie sie nach unten. Entspannen Sie sich. Genießen Sie diesen Zustand.

Es gibt aber auch noch andere Zustände. Manchmal sind wir hoch konzentriert, manchmal geradezu euphorisch. Auch diese Zustände können wir in vollen Zügen genießen. Wenn ich mich auf ein Event oder eine Reise vorbereite, bin ich voller Euphorie. Aufgekratzt würden manche sagen. Ich möchte nichts vergessen und freue mich wie ein „Schnitzel" auf die Dinge, die mich erwarten. Natürlich weiß ich, dass alle diese

Zustände vorübergehend sind. Ich werde nie die Euphorie bei der Geburt unserer ersten Tochter vergessen. Es war aufregend. Alles war neu. Dieser Moment, wenn man so etwas zum ersten Mal erlebt, kommt so nie wieder. Wir gewöhnen uns schließlich an alles. Aber es gibt andere Dinge, die heute Euphorie in mir wecken.

Bekämpfen Sie nicht Ihre Zustände. Genießen Sie sie und machen Sie das Beste daraus.

52. Genieße deine Stimmungen

„Wir sehen- was wir immer vergessen- die Welt nur in den Farben unserer Stimmungen.“ Wilhelm Vogel

Die erhebendsten Stimmungen entspringen der Erwartung." Wilhelm Vogel

„Daß Gründe wenig, Stimmungen alles vermögen, sieht man daraus, dass die Nichtigkeit des Lebens der Gleiche Grundgedanke aller Heitern wie aller Traurigen ist." Ernst Freiherr von Feuchtersleben

„Ein Pessimist sagte: „Der Mensch hüte sich vor trüben Stimmungen; denn wenn die über ihn kommen- dann erscheint ihm die Welt so, wie sie ist." Otto Weiß

„Stimmungen sind vergleichbar mit den Gezeiten. Mal schäumst du über vor Lebenslust und Energie, dann ziehst du dich zurück um allein zu sein, Ruhe zu finden und innere Harmonie." Karin Thießen

Manchmal ist es nicht ganz einfach mit unserem Gemüt. Wir können fröhlich oder traurig, optimistisch oder pessimistisch, manchmal auch melancholisch gestimmt sein.

Beim Menschen gibt es vier verschiedenen Grundstimmungen. Es gibt den Sanguiniker, den Melancholiker, den Choleriker und den Phlegmatiker. Mit einer dieser Stimmungen sind wir also von Hause aus gesegnet.

Die sanguinische Persönlichkeit tritt mit einem sonnigen Gemüt auf und ist leicht für Dinge zu begeistern. Sie braucht nicht viel um gut gelaunt aufzutreten und lächelnd durch den Tag zu gehen. Meist hat sie einen lockeren Spruch auf den Lippen und begegnet gerne anderen Menschen. Auf der anderen Seite ist diese Persönlichkeit als leichtsinnig, unbeständig und geschwätzig bekannt.

Der Melancholiker ist das ganze Gegenteil des Sanguinikers. Er lässt sich nicht so leicht beeindrucken oder begeistern. Wenn er aber erstmal von etwas angesprochen ist, beschäftigt er sich lange damit. Er wirkt dabei verschlossen, hat meist keinen großen Freundeskreis, aber sehr enge Freundschaften. Er ist gern allein, ist fleißig und sorgfältig im Beruf. Dafür wechselt er nicht gern die Stelle und kleine Missgeschicke beunruhigen ihn sehr. Er wirkt nach außen eher betrübt und lacht selten ausgelassen.

Der Choleriker neigt zu Gefühlsausbrüchen. Jede Kleinigkeit kann ihn zum Ausrasten bringen. Er wirkt dabei jähzornig und wütend auf andere. Er schimpft und verliert schnell die Beherrschung, ist nicht mehr Herr seiner selbst. Das wirkt oft unvernünftig und ist es auch. Geduld fällt ihm schwer. Wenn er aber gerade nicht im Affekt lospoltert, ist er entschlossen, ausdauernd und zuverlässig.

Der Phlegmatiker ist wiederum das Gegenteil des Cholerikers. Er ist nicht so leicht reizbar, gefühlsmäßig zeigt er aber generell wenig Regung. Man kann ihn nur schwer aus der Ruhe bringen. Wenn andere schon in Aufruhr sind, behält er die Nerven, reagiert meist nüchtern und trocken. Er ist beständig und bei der Arbeit bedächtig. Viele Veränderungen versucht er zu vermeiden. Er fühlt sich wohl im vertrauten Trott.

Vielleicht haben Sie sich gleich bei einem dieser Typen wiederentdeckt. Natürlich schielt jeder mal auf die anderen und wünscht sich, man hätte auch die eine oder andere Eigenschaft mitbekommen.

Ich würde mich selbst als Sanguiniker bezeichnen und habe oft die Entschlossenheit und Zuverlässigkeit des Cholerikers, die Sorgfältigkeit und die tiefen Freundschaften des Melancholikers oder die Geduld und Vernunft des Phlegmatikers bei mir vermisst. Dennoch möchte ich meine Persönlichkeit genießen und die Vorteile, die sie mit sich bringt. An den Schwachstellen möchte ich arbeiten und mir ein Beispiel an den anderen drei Temperamenten nehmen.

Genießen Sie Ihre Stimmungen und Ihr Temperament!

53. Genieße deine Sorglosigkeit

„Ein großer Teil der Sorge besteht aus unbegründeter Furcht." Carl Hilty

„Sorgt euch nicht um euer Leben und darum, dass ihr etwas zu essen habt, noch um euren Leib und darum, dass ihr etwas anzuziehen habt." Die Bibel, Matthäus 6,25a

„Darum sorgt nicht für den anderen Morgen; denn der morgige Tag wird für das Seine sorgen." Die Bibel, Matthäus 6,35

Schon vor über 2000 Jahren wussten es die Menschen. Sorgen die uns plagen machen krank. Wen Dinge aus der Vergangenheit beschäftigen, wer sich vor der Zukunft fürchtet, wird auf kurz oder lang sowohl seelisch als auch körperlich darunter leiden. Es sind sogar schon Geschichten von Todesfällen erzählt worden, bei denen der Betroffene durch Hass oder Sorgen sein jähes Ende fand.

Dale Carnegie beschreibt eine dieser Geschichten in seinem Buch „Sorge Dich nicht, lebe!“ Sie erzählt von einem Restaurantbesitzer, der gerade voller Wut und Hass über einen Mitarbeiter zur Pistole griff, um ihn hinaus zu befördern. In dem Moment versagte sein Herz, und er starb mit dem Colt in der Hand.

Es gibt also genügend Gründe seine Sorgen abzulegen allein weil es ungesund ist sich zu sorgen. Aber wie kann das passieren?

Eine Frau, der Carnegie begegnet war, beschrieb eine jahrelange, sorgenvolle Zeit. Sie machte sich über alles und jeden Gedanken. Sie konnte nicht mehr essen, nicht mehr schlafen. Als sie ihren Mann kennenlernte, ein nüchterner, rationaler Mensch, wurde sie von ihm beeinflusst. Wenn sie

Angst oder Sorgen hatte sagte er etwas wie: „Schatz, du musst dir nur mal die Statistik anschauen. Die Wahrscheinlichkeit, dass uns hier etwas passiert geht gegen null.“ Auf die Dauer wurde sie immer sorgenfreier und konnte tatsächlich davon berichten, seit vielen Jahren ohne Sorgen zu leben. Sie musste nur Ihren Blickwinkel verändern. Dabei half ihr Mann.

Was aber, wenn die Sorgen und Ängste so akut sind und kein rationaler Mensch in Ihrer Nähe ist, der Einfluss auf Sie hat? Carnegie beschreibt auch das Gebet als ein sehr hilfreiches Mittel gegen Sorgen. Egal ob Sie jetzt besonders religiös sind oder nicht. Beim Gebet gibt man seine Sorgen an eine höhere Macht ab. Man fasst seine Sorgen dabei in Worte und hat das Gefühl, seine Last mit jemanden zu teilen. Also nicht allein zu sein mit den eigenen Ängsten. Durch das Beten handeln Sie. Sie tun etwas mit Ihren Sorgen. Probieren Sie es aus, wenn Sie akut an Sorgen leiden.

Eine andere Methode ist das Bemühen, jeden Tag anderen Menschen eine Freude zu machen. Sie werden so von Ihren eigenen Nöten und Problemen abgelenkt. Sie drehen sich weniger um sich selbst und entfernen sich dadurch automatisch von den eigenen, sorgenvollen Gedanken und Ängsten. Ein Mangel an Anteilnahme ist oft der Grund für die eigenen Sorgen, so der Psychologe Alfred Adler.

Außerdem ist die Frage oft angebracht: Worüber in aller Welt mach ich mir da eigentlich Sorgen? Wer sich diese Frage sogar schriftlich stellt und auf einem Zettel Antworten und Lösungsvorschläge notiert, sieht die Sache schnell klarer. Nicht umsonst heißt es ja „wer schreibt, der bleibt“. In den meisten Fällen sind neunzig Prozent unseres Lebens völlig in Ordnung. Nur zehn Prozent geben Grund zur Sorge. Wenn ich es schaffe, für die neunzig Prozent dankbar zu werden und diese Dankbarkeit jeden Tag in den Himmel zu schicken, werde ich glücklicher, mein Gemüt freundlicher und meine Mitmenschen werden das spüren und anerkennen.

Sowieso ist Glück weniger etwas, dass uns positiv widerfährt. Es ist mehr ein Widerstand oder ein Problem, das wir überwunden oder gemeistert haben. Als ich meinen Schulabschluss und mein Studium gemeistert hatte war ich glücklich. Als ich eine schwierige Aufgabe oder Begegnung hinter mir hatte war ich zufrieden und glücklich. Ziehen Sie gedanklich Ihre Sportkleidung an und nehmen Sie die Angsthürde mit Anlauf!

Es ist offensichtlich, dass nicht unsere Umstände allein für unsere Sorgen verantwortlich sind. Unser Leben ist ein Produkt unserer Gedanken. Wer Gedanken des Friedens, des Mutes und der Hoffnung hat, wird wenig von Sorgen geplagt. Verschwenden Sie wiederum keine Gedanken an Leute, die Sie nicht mögen. Undankbarkeit und

Hass sind leider allgegenwärtig. Rechnen wir damit und erwarten keine dankbaren Mitmenschen. So trifft es uns nicht so hart. Oft sind es Nebensächlichkeiten, die uns Menschen aufregen. Aber ist das Leben nicht viel zu kurz dafür? Sollten wir uns nicht lieber den großen Dingen widmen die uns überdauern? Wozu seine Zeit mit Ärgernissen verschwenden, an die in einem Jahr in der Regel schon keiner mehr denkt?

Bleiben Sie bei sich und kultivieren Sie Ihre eigene Dankbarkeit und Ihre eigenen Hoffnungen. Denken Sie an andere und beten Sie für andere. Ich verspreche Ihnen das wird Ihr Leben verändern. Ein schöner Spruch lautet: „Wenn dir das Leben Zitronen gibt, mach Limonade draus." Lassen Sie in jedem Moment die Sonne in Ihren Gedanken und Ihrem Herzen scheinen egal ob es draußen gerade über Ihnen stürmt und regnet. Genießen Sie Ihre Sorglosigkeit.

54. Genieße deine Versorgung

„In der ersten Hälfte unseres Lebens opfern wir unsere Gesundheit, um Geld zu erwerben, in der zweiten Hälfte opfern wir unser Geld, um die Gesundheit wiederzuerlangen. Und während dieser Zeit gehen Gesundheit und Leben von dannen." Voltaire

„Wir wohlhabenden Menschen können nicht länger auf einer Insel in einem Ozean der Armut leben. Wir atmen alle dieselbe Luft. Wir müssen allen die Möglichkeit auf Bildung, Essen und medizinische Versorgung geben." Ayrton Senna

Auch wenn Ayrton Senna eigentlich Rennfahrer war, hat er sich doch mit den Fragen sozialer Gerechtigkeit auseinandergesetzt. Es gibt viele Gründe, warum Menschen arm oder reich, gut oder schlecht versorgt sind. Letztlich hängt es eben auch davon ab, in welchem Land und in welche soziale Schicht ein Mensch hineingeboren wird.

Die Länder weltweit, die an den Küsten der Kontinente liegen haben in der Regel ein höheres Bruttosozialprodukt und deren Einwohner ein besseres Auskommen als Länder, die in der Mitte liegen und von anderen Ländern umgeben sind. Die Nutzung des Meeres als Handelsweg hat also von jeher Auswirkung gehabt auf den sozialen Stand derer, die davon profitierten. Das kann man ungerecht finden. Viel daran ändern kann der Einzelne aber selten. Wenn in einigen Ländern noch viel Korruption und Gewalt herrscht und die Gesetzeslage schwierig ist, kommt der Einzelne auch schwer zu etwas und kann sich schlecht aus seiner misslichen Lage herauskämpfen. Gerade Kinder sind davon betroffen.

Eine „Ärztin ohne Grenzen“ von der ich hörte, versuchte verzweifelt kleine Kinder mit Malaria im Kongo zu retten. Das Krankenhaus hatte kaum die richtige Ausstattung, geschweige denn alle nötigen Medikamente. Viele Kinder starben ihr einfach unter der Hand weg. Die Regierung ist einfach nicht in der Lage oder willens, etwas daran zu ändern.

Das ist derzeit in Europa undenkbar. Wir sind sehr gut versorgt, auch wenn es sicher Verbesserungspotential gibt. Mit Begeisterung lese ich gerade das Buch „Wunder wirken Wunder“ von Eckard von Hirschhausen. Der Arzt und Kabarettist beschreibt sehr trefflich unsere derzeitige Lage im Gesundheitssystem. Er hinterfragt die Homöopathie und deren Einsatz, stellt sich hinter unser Impfsystem in Deutschland und fragt konkret nach dem Geist bei der Behandlung von Krankheiten, der schließlich unmittelbar mit unserem Körper verbunden ist. Psychosomatische Erkrankungen sind sein

Thema, bei denen oft nur der Körper mit Medikamenten behandelt wird, der Mensch selbst aber nicht berücksichtigt wird. Es ist eben doch ein Unterschied, ob jemandem Hoffnung auf Heilung gemacht wird oder nicht.

Zusammenfassend lässt sich aber sagen, wir sind in Deutschland und Europa, übrigens exklusiv in der Welt, medizinisch sehr gut versorgt. Wo sich mancher nach chinesischer Medizin austreckt, wären viele Chinesen gern so versorgt wie wir Europäer. An jeder Ecke gibt es eine Apotheke und Fachärzte zu Hauf. Durch unsere gesetzliche Krankenversicherung haben wir auch alle das Recht, zu ihnen zu gehen.

Sie glauben mir nicht? Fliegen Sie mal nach Afrika oder in den fernen Osten. Sie werden sich wundern, wie gut es uns hier im Vergleich geht. Genießen Sie diese gute Versorgung! Genießen Sie den Gedanken, dass Ihnen, sollte etwas mit Ihrem Gesundheitszustand nicht stimmen, hier wirklich geholfen wird. Und das nicht mit Voodoo und Zaubertricks, sondern mit wissenschaftlich untersuchten und getesteten Medikamenten und Verfahren. Es gibt immer Verbesserungsbedarf, aber wir haben dennoch wenig Grund zum Klagen. Genießen Sie Ihre gute Versorgung.

55. Genieße deine Menschenkenntnis

„...Menschenkenntnis ist das Wesen der Weisheit." Konfuzius

Viele Zeitgenossen glauben eine gute Menschenkenntnis zu haben. Gleichzeitig stecken sie mit ihren Vorurteilen schnell jeden in eine Schublade rein und es ist sehr schwer, da wieder herauszukommen.

Es gibt sicherlich viele Dinge, die uns Menschen aufgrund unserer Persönlichkeit, Herkunft, Prägung und unseres Weltbildes trennt. Zugleich gibt es aber genauso viele Gemeinsamkeiten. Und wer diese Gemeinsamkeiten kennt, hat es sichtlich leichter im Umgang mit Menschen und dadurch auch im Leben allgemein. Wenn Sie sich ausführlicher mit dem Thema beschäftigen wollen, lesen Sie „Wie man Freunde gewinnt" von Dale Carnegie.

Die wichtigste Gemeinsamkeit möchte ich gleich zu Anfang nennen: Jeder Mensch ist bedeutend oder möchte es sein! Es gibt keinen, der seine eigene Sicht der Dinge und sein eigenes Leben nicht ins Zentrum seiner eigenen Welt stellt. Das Wort „ich" ist das am häufigsten ausgesprochene Wort in der deutschen Sprache. Ich denke dies, ich habe das, ich werde jenes. Ich, ich, ich.

Wenn Sie es schaffen, das „Ich" des anderen wertzuschätzen, haben Sie sogleich sein Herz gewonnen. Entscheidend dabei ist Ihr ehrliches Interesse. Wenn Sie nur fragen: Wie geht's dir? Und anschließend gleich wieder von sich erzählen, fühlt sich das Gegenüber nicht wertgeschätzt.

Interessant ist, dass jeder gerne von sich redet, niemand aber Leute mag, die das rund um die Uhr tun. Wir mögen Menschen, die sich für uns interessieren. Nicht jene die nur von sich reden und dafür irgendeinen Zuhörer suchen. Sicher erträgt der eine oder andere introvertierte Zeitgenosse auch lange Monologe. Aber einer zwischenmenschlichen Beziehung, die aus Geben und Nehmen bestehen sollte, ist dieses Verhalten nicht zuträglich.

In meinen Augen gibt es also zwei goldene Regeln, die wir beachten müssen im Umgang mit unseren Mitmenschen. Durch diese zwei Regeln werden Sie die anderen nicht nur mehr schätzen. Sie werden auch mehr auf Sie hören und Ihnen folgen.

1. Alles, was du willst, dass dir die Leute tun, das tust du ihnen.

2. Sei ein guter Zuhörer mit einem ehrlichen Interesse an deinem Gegenüber.

Wer diese zwei Regeln beherzigt hat im Umgang mit Menschen schon die halbe Miete. Wenn ich es schaffe, von meinem eigenen Standpunkt aus, hin zu dem Standpunkt des anderen zu kommen und mich frage, was derjenige in einer gewissen Situation für Wünsche und Interessen haben könnte, kann ich viel besser auf den anderen eingehen.

Viel zu schnell neigen wir dazu, uns im Recht zu fühlen und sind beleidigt, wenn der andere unseren Wünschen nicht entsprechen will. Gute Verkäufer z.B. hören genau hin was der Kunde möchte, bevor sie ihm alle Vorteile eines Produktes aufzählen. Es geht darum das Eigeninteresse des Kunden zum Kauf zu verstärken und nicht seine eigene Meinung dem Kunden überzustülpen.

Schließlich wird man selbst auch nicht gern zu Dingen überredet. Wer hat nicht schon am Telefon irgendein Abo angedreht bekommen, das er gar nicht wollte und sich hinterher vielleicht über sich, aber auch über den Verkäufer geärgert.

Es geht also um Empathie, um Mitgefühl für das Gegenüber. Um ein Hineinversetzen in den anderen und ein Verstehen der Lage des anderen.

Chefs die es schaffen, sich in ihre Mitarbeiter hineinzuversetzen, haben oft mehr Unternehmenserfolg als jene, die mit harter Hand regieren und ihre Angestellten wie eine austauschbare Ware behandeln.

Es geht darum Mut zu machen und den anderen aufzubauen. Ihm zuzuhören und Verständnis zu haben.

Streit und Kritik sind dabei zu vermeiden, denn diese haben in der Geschichte der Menschheit keinen Erfolg gehabt. Wer seine Mitmenschen hart kritisiert wird die Beziehung verschlechtern und Distanz schaffen. Er wird nicht erreichen, dass die anderen motivierter sind und die Dinge beim nächsten Mal zuverlässiger und schneller erledigen. Wer dagegen zuerst lobt und Anerkennung für gezeigte Leistungen zollt und erst dann die Dinge erwähnt, die verbesserungswürdig sind, hat wesentlich bessere Chancen, dass der andere die hohe Meinung, die Sie von Ihm offensichtlich haben, bestätigen möchte.

Übrigens wenn auf das Lob die Kritik mit einem „aber“ folgt, wird das Lob schnell vergessen und die Kritik wirkt doch verletzend. „Du hast zwar die Wohnung toll aufgeräumt als ich weg war, aber das Klo solltest du doch etwas gründlicher putzen.“ Statt des „aber“ ein „und“ eingesetzt und schon entschärft sich die Kritik mit etwas

Taktgefühl. „Du hast die Wohnung toll sauber gemacht in meiner Abwesenheit und die Toilette hast du sicher aus Versehen vergessen." Wie klingt das für Sie? Könnten Sie sich diese versteckte Kritik besser annehmen?

Eigenmotivation ist das Stichwort und die Frage, wie ich diese beim andern wecken kann. Jeder gesunde Mensch hält sich für bedeutend und wenn Sie ihm das spiegeln, stärken Sie sein Selbstvertrauen, und mit etwas Taktgefühl dabei gewinnen Sie schnell die Herzen der Menschen.

Wer sanft und mit einem Lächeln auftritt, zuvorkommend bleibt, Interesse zeigt und auch zu seinen eigenen Fehlern steht, wird wohlwollend und positiv gesehen. Wer zuerst den anderen reden lässt und erst dann von sich redet, wenn er etwas gefragt wird, wird als guter Gesprächspartner wahrgenommen.

Geduld, Verständnis und Freundlichkeit sind der Schlüssel zu den Menschen. Bringen Sie anderen Ihr Wohlwollen entgegen. Vorwürfe und offene Kritik schaffen nur Distanz und sind schlecht für jede Beziehung.

Jeder Mensch will sich selbst beweisen, sich auszeichnen, hervortun und bedeutend sein. Niemand lässt sich gerne befehlen, kritisieren und damit in seinem Selbstvertrauen schwächen. Machen Sie anderen also lieber Vorschläge, als zu befehlen.

Geben Sie dem anderen die Chance, sein Gesicht zu waren. Wenn der andere also im Unrecht sein sollte, beweisen Sie nicht, dass Sie viel schlauer sind und stellen Sie ihn nicht vor andern bloß.

Sagen Sie dem anderen, was Sie Gutes in ihm sehen und loben Sie alles Lobenswerte an Ihren Mitmenschen. Jeder hat Gaben und Fähigkeiten. Wenn Sie sich wünschen, dass der andere auf eine Gabe hinarbeitet, tun Sie so, als ob er sie schon hätte. Er wird sich wiederum anstrengen um Ihrer hohen Meinung gerecht zu werden. Es muss dem anderen ein Vergnügen sein, Ihre Wünsche zu erfüllen.

Stellen Sie Fragen, auf die der andere JA sagen muss. Denn ein NEIN führt unweigerlich dazu, dass Sie weniger Erfolg haben werden mit Ihren Absichten. Es geht also immer darum, geschickte Formulierungen zu finden und nicht einfach zu plappern, wie der eigene Schnabel gewachsen ist.

Autoverkäufer: „Sie wollen doch, dass Ihre Familie sicher in den Urlaub kommt, oder?“ Kunde: „Ja.“ Autoverkäufer: „Dann wollen Sie doch sicher das Sicherheitspaket für Ihr Fahrzeug gleich mit auf der Ausstattungsliste ankreuzen?!“ Das ist nur ein Beispiel aus dem Geschäftsleben. Im Privatleben treffen allerdings dieselben Regeln zu.

Wenn Sie diese Dinge beherzigen, werden Sie und andere Ihre Menschenkenntnis genießen können und Sie werden bessere Beziehungen und größere Erfolge feiern als bisher. Genießen Sie Ihre Menschenkenntnis.

56. Genieße deine Rolle

„Spielt die Rolle, die man spielt, eine Rolle?“ Gerhard Uhlenbruck

„Wir spielen drei wichtige Rollen in unserem Leben: Die Rolle, die uns zugedacht wurde, die Rolle, die wir uns selbst vorspielen, und die Rolle, die wir anderen vorspielen.“ Harald Schmidt

„Manche Leute fallen sofort aus der Rolle, wenn sie merken, daß sie keine große Rolle mehr spielen dürfen.“ Ernst Ferstl

„Deine Aufgabe ist, die Rolle, die dir zugeteilt wurde, gut zu spielen, die Auswahl der Rolle steht einem andern zu.“ Epiktet

Sie sind gerade im Theater. Wussten Sie das? Nein?

Doch! Zumindest wenn dies bedeutet, eine Rolle zu spielen. Denn das tun Sie auf der Bühne des Lebens jeden Tag. Sie nehmen eine Rolle in Ihrer Familie, im Beruf und unter Ihren Freunden ein. Die Tatsache, dass Sie eine Rolle bekommen, passiert im Prinzip schon mit Ihrer Geburt.

Wussten Sie, dass die Geschwisterposition in der Sie geboren sind viel wichtiger für Ihre Entwicklung ist, als der Einfluss, den Ihre Eltern über Sie haben und hatten? Das haben Studien herausgefunden. Aber was bedeutet das konkret für Sie, wenn Sie Erstgeborener, Sandwichkind oder Nesthäkchen sind?

Jeder nimmt innerhalb der Familie eine Rolle ein. Ich bin selbst ein Sandwichkind. Mein älterer Bruder war damals ein ruhiges, besonnenes und sehr musikalisches Kind. Er war gut in der Schule und für meine Eltern gut vorzeigbar. Diese Nische war also schon besetzt.

Sie ahnen es. Gerade Erstgeborene füllen in der Regel diese Rolle aus. Sie sind die Perfektionisten unter den Geschwistern. Es gibt auch Ausnahmen. Aber die bestätigen nur die Regel. Für mich galt es damals also eine andere Nische zu suchen. Dabei geht es jedem Kind um dasselbe. Auffallen und Beachtung bekommen.

Der amerikanische Psychologe Kevin Leman hat die typischen Geschwisterpositionen sehr gut zusammengefasst: „Erstgeborene sind perfektionistisch, Mittelkinder drücken sich und Nesthäkchen tanzen immer aus der Reihe."

Dafür gibt es natürlich Gründe. Erstgeborene haben als Einzige unter den Geschwistern die Eltern für eine gewisse Zeit für sich allein gehabt. Das bedeutet ungeteilte Aufmerksamkeit. „Jeder Lebensschritt wird beim ersten Kind dokumentiert und von der Verwandtschaft gefeiert", beschreibt die Psychologin Jirina Prekop. Das ist bei den anderen Kindern meist nicht mehr der Fall.

Später haben die Erstgeborenen unter Umständen dann kleine Geschwister und müssen früh für diese Verantwortung übernehmen. „Pass mal auf deine kleine Schwester auf. Mama muss mal kurz weg." Wer kennt von den Ältesten unter den Geschwistern nicht solche Aufgaben? So werden Erstgeborene in der Regel zu vernünftigen, ordentlichen Perfektionisten, die gerne Verantwortung übernehmen. Sie spüren instinktiv die anfängliche Unsicherheit ihrer Eltern, die alles richtig machen wollen mit ihren lieben Kleinen. Sie spüren dabei auch die Rolle ihrer eigenen Leistungen, ihres eigenen Verhaltens. Wenn sie fleißig und zuverlässig sind, entspannen sich die Eltern etwas und sie bekommen ein gutes Gefühl. Andererseits ist die Entthronung durch weitere Kinder für das Erstgeborene schwer auszuhalten. Oft übernehmen sie dann die Beschützerrolle, um wieder auf den ersten Platz bei den Eltern zu gelangen.

Die Sandwichkinder haben es meist am Schwersten, ihre Rolle zu finden. Der oder die Ältere wird oft zum Perfektionisten und das jüngste Kind ist das Nesthäkchen. Sie tragen die Kleidung von großen Geschwistern auf, werden in der Regel weniger gefördert und erhalten weniger Aufmerksamkeit. Andererseits sind die Erwartungen der Eltern auch geringer und dadurch sind diese Kinder oft entspannter.

Durch provokatives Verhalten erkämpfen sie sich manchmal die Aufmerksamkeit ihrer Eltern. Andere reagieren mit Verschlossenheit und suchen sich bewusst Kontakte außerhalb der Familie, wo sie dann ihre Aufmerksamkeit bekommen.

Das Nesthäkchen finden alle süß. Das letzte Kind hat oft viel Aufmerksamkeit aus der Familie und genießt viele Privilegien. Sie werden verwöhnt und dürfen vieles, worum die älteren Geschwister noch kämpfen mussten. Außerdem müssen sie sich selten beweisen. Ihre Eltern erleben sie entspannter als ihre großen Geschwister, als sie das Alter hatten. Dennoch sind sie mit ihrer Rolle oft unzufrieden, denn nicht jeder fühlt sich in der Rolle des lieben Kleinen wohl das nichts leisten muss. Nicht jeder will sich ein Leben lang an den großen Geschwistern orientieren. Manche Nesthäkchen entwickeln die Motivation es allen zu zeigen, was in ihnen steckt.

In welcher Rolle Sie auch ins Leben gestartet sind. Genießen Sie es, diese Rolle zu gestalten und auch um Dinge zu kämpfen, die Ihnen wichtig sind.

Wir sind und bleiben Gestalter unseres eigenen Lebens, und wenn schon nicht in jüngster Kindheit, dann doch wenigstens als Erwachsener sollten wir darüber reflektieren und verstehen, welche Rolle wir eingenommen haben. Vor allem aber gilt es, die eigene Rolle neu zu suchen, zu finden und dann mit den eigenen Ideen und Vorstellungen auszufüllen. Reden Sie ehrlich mit den Mitgliedern Ihrer Familie, was Ihnen ihre Rolle bedeutet hat und was sie Ihnen heute bedeutet. Und suchen Sie Antworten auf die Fragen, die Sie bezüglich Ihrer eigenen Rolle haben.

Finden Sie eine Rolle, in der Sie sich wohlfühlen und genießen Sie diesen Platz im Leben und in Ihrer Familie.

57. Genieße deine Souveränität

„Absolute Souveränität bleibt, ..., der Ursprung von Freiheit." Karl Jaspers

Fühlen Sie sich manchmal auch wie ein Frosch? Ich meine nicht grün und schleimig. Sondern ich meine die Art wie Sie sich geben, wenn Sie einem Storch, z.B. Ihrem Chef, begegnen. Souverän zu sein und in gewissen Momenten zu bleiben ist nicht immer leicht. Z.B. wenn gerade mehrere Ihrer Kinder schreien und keines davon lässt sich von Ihnen mit gewohnten Mitteln beruhigen oder wenn Sie auf der Bühne vor vielen Menschen einen Vortrag halten müssen und plötzlich den Faden verlieren. Das ist nie ein schönes Gefühl und es fällt jedem schwer, dabei souverän zu bleiben. Souveränität ist etwas, dass wir trainieren können. Ein souveräner Mensch lässt sich von anderen nicht so leicht nervös machen. Er scheint über den Dingen zu schweben. So lassen sich schwierige Situationen durchstehen.

Sind Sie emotional stabil? Ist Ihnen die Meinung anderer zu Ihrer Person nicht das Wichtigste? Sind Sie in der Lage, Ihre eigene Meinung zu den Dingen zu bilden? Wissen Sie, was Sie können und was nicht? Dann sind Sie auf einem guten Weg.

Vor einiger Zeit war ich mit meiner Familie auf dem Weg von einer Geburtstagsfeier nach Hause auf die Autobahn aufgefahren. Kurz darauf gab es eine brenzlige Situation, die dann zu einem Unfall führte. Ein Kleinwagen hatte uns kurz zuvor überholt und dann ein größeres Auto. Diese beiden Wagen waren recht flott unterwegs und als der große Wagen bei dem Kleinwagen dicht auffuhr, verlor die junge Frau darin die Kontrolle, stieß gegen die Leitplanke und fuhr anschließend quer über die dreispurige Autobahn auf den Standstreifen. Sie kam zum Stehen und wir hielten hinter ihr an. Es war sehr windig und bereits dunkel geworden. Dadurch war die Situation auf dem Standstreifen nicht ganz ungefährlich. Ich stieg aus, ging zu dem Kleinwagen nach vorn und fragte die junge Frau, ob alles mit ihr in Ordnung sei. Sie war unverletzt. Sie wollte sofort ihre Eltern anrufen. Ich sagte ihr, dass es jetzt wichtig wäre, eine Warnweste anzuziehen und ein Warndreieck aufzustellen. Anschließend sollten wir uns hinter der Leitplanke in Sicherheit bringen. Dann müssten wir die Polizei rufen und erst dann wäre Zeit für einen Anruf bei den Eltern. Sie ließ sich auf meinen Vorschlag ein und wir gingen Schritt für Schritt und ganz in Ruhe vor.

In dieser Situation souverän zu bleiben, wenn man gerade einen Unfall erlebt hat, ist nicht einfach. Adrenalin schießt ins Blut, wir sind aufgeregt und neigen dazu, über zu reagieren und die Situation nicht unter Kontrolle zu haben.

Souveränität lässt sich lernen und ist auch eine Entscheidung. Ich will die Kontrolle behalten. Ich lasse mich nicht aus der Ruhe bringen. Ich überlege jetzt genau, was dran ist. Wenn man gerade seine Souveränität verliert hilft es auch, für einen Moment die Augen zu schließen, tief durchzuatmen und langsam bis 10 zu zählen. Es geht darum mit dem eigenen Willen, seinem Bewusstsein auf das Unterbewusstsein, den eigenen Körper zu reagieren, der gerade alle Souveränität zu verlieren droht. Trainieren Sie

Ihre Souveränität und genießen Sie es, die Kontrolle zu haben und nicht aus der Hand zu geben! Sie wissen wer Sie sind und was Sie können.

In der Bibel gibt es die Geschichte von Jesus, der auf dem Boot bei einem Sturm schlief, während alle anderen die Angst packte. Sie wecken Jesus und erzählen voller Panik, dass Sie alle ertrinken werden. Jesus reagiert souverän. Er fragt was die ganze Aufregung soll, beendet den Sturm und hat die volle Kontrolle.

So souverän sind wir selten, und doch lohnt es sich, nach einer solchen Ausstrahlung zu streben. Auch wenn wir die Stürme des Lebens nicht einfach ausknipsen können. Genießen Sie Ihre Souveränität.

58. Genieße deine Persönlichkeit

„Eine schwache Persönlichkeit wird manchmal eine stärkere Persönlichkeit werden können als eine starke Persönlichkeit.“ Christian Morgenstern

Jeder Mensch ist individuell. Es stand etwa eins zu dreihundert Millionen, dass Sie genau dieser Mensch mit diesem Aussehen, dieser Persönlichkeit und diesen Merkmalen werden, als sich Eizelle und Samenzelle trafen. Das macht Sie zu etwas ganz Besonderem!

Dennoch sind wir anderen Menschen ähnlich. Mir ist es mal passiert, dass ich unter Leute kam, die mich für jemand anderen hielten. Sie sagten mir immer wieder, dass ich aussehe wie dieser und jener. Leider war die betreffende Person in diesem Moment nicht da und auf einem Bild an der Wand war er so schlecht zu erkennen, dass ich mir einfach keinen Reim darauf machen konnte.

Klar gibt es viele Ähnlichkeiten, auch in der Persönlichkeit. Das Buch „Das Enneagramm" beschreibt neun verschiedene Persönlichkeitsmuster. Als ich vor Jahren erstmal davon hörte und mir das Buch gleich besorgte, war ich begeistert wie präzise mich dieser Mensch kennen musste, der diese Zeilen verfasst hatte. Eine der Beschreibungen passte tatsächlich sehr gut auf mich und ich konnte mich wiederentdecken mit meinen Eigenschaften, Stärken und Schwächen.

Ich möchte nur einen Persönlichkeitstyp herausgreifen, um Ihnen Lust zu machen auf Entdeckungsreise zu gehen und die eigene Persönlichkeit mehr zu erforschen.

Der als Optimist oder Genießer beschriebene Persönlichkeitstyp (Typ 7) sucht in den Erlebnissen seines Alltags einen Genuss. So werden genussversprechende Erlebnisse den anderen vorgezogen. Bei diesem Typ liegt die Gefahr darin von einem zum nächsten Erlebnis zu springen, ohne den Genuss richtig auszukosten. Das rührt von der Angst her, zwischenzeitlich Leere, vielleicht auch Leid erleben zu müssen, wenn der Genuss ausbleibt. Der Optimist ist energiegeladen und voller Begeisterung. Er liebt das Leben mit all seinen Möglichkeiten. Daher ist dieser Typ (Stichwort Sanguiniker) meist ein fröhlicher und ausgeglichener Zeitgenosse.

Die Schwäche des Typ 7 ist die fehlende Geduld und Ausdauer. Genießer wollen auch andere zum Genuss führen, aber wenn das nicht sofort klappt sind sie schnell entmutigt.

Schlicht die Angst davor entmutigt zu werden oder generell schlechten Gefühlen ausgesetzt zu sein gilt es zu bekämpfen. Wenn Sie eine Sieben sind, versuchen Sie nicht an einem Tag die Welt einzureißen oder wiederaufzubauen. Verzichten Sie auf Multitasking um in kurzer Zeit möglichst viel zu erreichen oder zu schaffen.

Treten Sie bewusst auf die Bremse. Weniger ist meistens mehr. Lernen Sie Traurigkeit und Unmut bewusst zu erleben und auszuhalten anstatt sofort davor zu flüchten.

Dies ist nur einer von neun Persönlichkeitstypen. Es gibt z.B. noch den Perfektionisten und Kritiker (Typ 1), den Helfer und Geber (Typ 2) oder auch den Mediator und Bewahrer (Typ 9)

Wenn Sie Lust bekommen haben, beschäftigen Sie sich mit den neun Typen und lernen Sie auf diese Weise Ihre Persönlichkeit besser kennen. Das kann Ihnen den Alltag sehr erleichtern.

Wenn Sie sich in Typ 7 wiederentdeckt haben, werden Sie sich bewusst, wenn mal wieder eine schwierige oder unerfreuliche Situation an die Tür klopft, dass Sie wahrscheinlich gerade ohne es zu merken dabei sind, die Tür zu verriegeln. Steuern Sie bewusst dagegen an und Lernen Sie alle Seiten des Lebens anzunehmen. Genießen

Sie Ihre Persönlichkeit. Sie sind damit gesegnet worden.

59. Genieße Entspannung

„Spannung und Entspannung- diese beiden Pole bestimmen das Leben.“ Gudrun Zydek

„Ich habe so eine Art Code. Das heißt, ich brauche keine vierzehn Tage, um mich zu erholen, ich guck´ mir den Wald an oder jetzt den Mond, irgendwie rasten die Relais auf ‚Entspannung‘ ein, und schon bin ich auf sehr intensive Weise beruhigt.“ Regine Hildebrandt

Wer nach dem Thema „Entspannung“ im Netz sucht, findet schnell Tipps für Wellness oder Entspannungstechniken. Es gibt Atementspannung, Progressive Muskelentspannung, Meditation, Gedankenreisen oder Autogenes Training, Qigong oder Tai-Chi und Yoga. Bei Allen geht es darum körperliche und geistige Anspannung zu verringern, Gelassenheit und Wohlbefinden zu befördern. Wer es nicht schafft von der Arbeit und dem Alltagsstress zu entspannen hat oft mit Burnout, Angst- oder Belastungsstörungen zu kämpfen und fühlt sich in seiner eigenen Haut nicht wohl.

Wir brauchen Entspannung, aber wenn daraus Langweile wird, kann es gleichermaßen dazu führen, dass wir krank werden. So mancher Harz 4-Empfänger ist diese ganze Entspannung Leid und bräuchte mehr Anspannung in Form einer neuen Herausforderung.

Ich möchte an dieser Stelle aber nicht über das Finden neuer Aufgabenfelder schreiben. Mein Anliegen ist es, dass Sie Entspannung finden und genießen als Ausgleich für die konzentrierten, arbeitsreichen Phasen des Tages. Ein wichtiger Punkt ist das Zeitmanagement, denn was helfen mir tolle Entspannungsübungen oder Techniken, wenn ich gefühlt keine Zeit dafür finde?

Mir war das Thema Zeitmanagement oft ein Graus. Ich wollte nicht festgelegt sein, meine Freiheit verlieren jederzeit tun zu können, wonach mir gerade der Sinn steht. Irgendwann merkte ich, solange ich als Schüler oder Student andere meinen Zeitplan gestaltet haben und ich relativ viel Freizeit hatte, kam ich sehr gut zurecht mit meiner Einstellung. Wenn aber ein Alltag mit Familie, Berufstätigkeit und ehrenamtlichen Engagements in Form von Vereinstätigkeiten etc. dazukommen, wird ein Leben ohne Zeitmanagement schwierig.

Wer seinen Tag auf sich zukommen lässt und sein Jahr überhaupt nicht plant, kriegt sicherlich den Urlaub nicht, den er haben wollte und wird auch manchmal Terminschwierigkeiten bekommen. Jeder hat nur seine 24 Stunden am Tag und kann sich nicht zerreißen. Schaffen Sie sich bewusst in Ihrem Terminkalender Lücken für

Entspannung! Gerade die Phasen nach dem Mittag- oder Abendessen oder die Kaffeezeit am Nachmittag ist ideal. Lassen Sie das Handy mal stecken und den Fernseher aus bei den Mahlzeiten und genießen Sie es zu sitzen und bewusst zu essen ohne Ablenkung. Das bringt bereits Entspannung. Ich schaue gerne aus dem Fenster und lass den Blick für einen Moment in die Ferne schweifen, lasse das, was ich da sehen kann auf mich wirken.

Räumen Sie sich gerne auch Zeiten für Wellness und all die oben erwähnten Entspannungsmethoden ein, denn Phasen der Entspannung gehören in unseren Zeitplan genauso wie die arbeitsintensiven Phasen und Termine, die unseren Alltag oft bestimmen. Anspannung und Entspannung gehören für ein gesundes Leben in Balance. Planen Sie also diese Phasen bewusst und versuchen Sie die Entspannungsphasen richtig zu ersehnen und zu genießen. Genießen Sie Entspannung.

60. Genieße Singen und Tanzen

„Mein Vermögen ist, wieviel ich zu lachen, zu singen, zu tanzen und heiter zu sein vermag.“
Alfred Selacher

„Du bist ein Wunder, das auf dieser Welt lebt. Du bist einmalig, einzigartig, unverwechselbar. Warum staunst du nicht, warum freust du dich nicht über dich selbst und über all die anderen um dich herum? Ist es dir so selbstverständlich, daß du lebst, daß du Zeit bekommst, um zu singen und zu tanzen, Zeit, um glücklich zu sein? Warum denn Zeit verlieren mit sinnlosem Jagen nach Geld? Warum sich haufenweise Sorgen machen um Dinge von morgen und übermorgen?“

Phil Bosmans

„Arbeite, als würdest du das Geld nicht brauchen.
Liebe, als hätte dich nie jemand verletzt.
Tanze, als würde niemand zusehen.
Singe, als würde niemand zuhören.
Lebe, als wäre der Himmel auf Erden.“

Mark Twain

Wie lange ist Ihr letzter Ausflug auf die Tanzfläche her? 3 Tage, 3 Monate oder sogar 3 Jahre? Egal ob Sie sich für einen besonders guten Tänzer halten oder nicht. Ich will Sie ermutigen mal wieder auf die Tanzfläche zu gehen. Allein oder auch als Paar. Im großen Ballsaal zum Anlass einer Hochzeit oder allein im Wohnzimmer mit Kopfhörern auf den Ohren, weil die Nachbarn sonst mithören müssen.

Tanzen Sie mal wieder. Es verbessert nicht nur Ihre körperliche Koordination und Kondition. Es hat auch einen sozialen Aspekt. Leute die regelmäßig tanzen gehen, haben in der Regel mehr soziale Kontakte und sind geselliger.

Wer sich in Gesellschaft wohlfühlt erfährt mehr von anderen Menschen und erweitert dadurch seinen Horizont.

Davon abgesehen macht es einfach Spaß sich zu Musik zu bewegen. Es macht Ihr Leben reicher.

Als vor Jahren die Talentshows im Fernsehen aufkamen war es manchmal eine echte Überraschung. Wenn da jemand auf der Bühne stand, unscheinbar und vielleicht unsicher. Und dann öffnet dieser Mensch seinen Mund und es hält keinen mehr auf dem Stuhl. Es gibt so unglaublich begabte und begnadete Sänger.

Auch wenn Sie sich nicht dazuzählen, möchte ich Ihnen Mut machen mehr zu singen. Unter der Dusche kann man genauso gut singen wie im Auto auf der Fahrt zur Arbeit oder auf einem Konzert. Nicht umsonst sind unsere Stimmlippen und Stimmbänder in der Lage, Töne und

Melodien zu formen. Dadurch werden Gefühle ausgedrückt. Es ist ein Unterschied ob ich einen Liedtext ablese oder ob ich ihn mit Gefühl singe. Das löst etwas aus, beim Zuhörer und auch bei mir selbst. Es gibt Lieder und Interpreten, die verbinden Menschen auf der ganzen Welt.

Ich behaupte in jedem Menschen steckt ein Sänger oder eine Sängerin. Entdecken Sie diesen Sänger in sich und schmettern Sie Ihre Lieblingslieder aus dem Radio oder dem Chor in dem Sie singen sooft wie nur möglich.

Musik nur anzuhören ist auch manchmal ein tolles Erlebnis, gerade wenn man Erinnerungen und Gefühle mit einem Lied oder einer Melodie verbindet. Aber Musik durchs selber Singen oder Tanzen bringt uns noch näher zu unserem inneren Kern und weckt tiefe Lebensfreude. Probieren Sie es aus. Genießen Sie es zu singen und zu tanzen.

61. Genieße das Alte

„Das Alte wird nie alt, es wird nur alt das Neue."
Friedrich Rückert

Vor einiger Zeit besuchte ich eine alte Dame die allein lebte. Sie hatte in ihrem Wohnzimmer einen alten Volksempfänger aus den Dreißigerjahren stehen. Als ich sie darauf ansprach strahlten ihre Augen und sie erzählte, dass sie und ihr Mann dieses alte Radio damals neu gekauft hätten und immer, wenn sie es heute noch einschalten oder nur ansehen würde, erinnere sie das an die damalige Zeit mit ihrem Mann. Das Radio hat ihr sehr viel bedeutet und sie hätte sicher nicht mal schnell ein neues Radio im Elektromarkt gekauft, weil das jahrzehntealte Radio nicht mehr geht.

Was ist Ihnen heilig und woran hängt Ihr Herz? Es kann ein altes Haustier sein, dass Sie schon sehr lange begleitet. Ein altes Auto in der

Garage, dass Sie niemals für ein paar Euro verkaufen würden. Ein Ortsverein, zu dem Sie seit Jahren gehören, oder um mal romantisch zu werden, Ihr Ehepartner.

Auch wenn es gut und wichtig ist, den Anschluss an das Neue nicht zu verlieren um auf der Höhe der Zeit zu sein, gibt es da manch liebgewordene, manch schrullige Liebe zu Altem oder Althergebrachtem in unserem Leben. Vielleicht hängt da ein Kleid oder ein Anzug in Ihrem Schrank, an dem viele tolle Erinnerungen hängen. Und immer, wenn Sie den Schrank öffnen und das Kleidungsstück erblicken werden diese wieder wach.

Manche Ehefrau zieht ihr Hochzeitskleid nach Jahren wieder an und stellt sich vor den Spiegel. Einfach weil es schön ist, die mit dem Gegenstand verbundenen Gefühle wieder wachzurufen.

Genießen Sie das Alte und was Sie damit verbinden.

62. Genieße Nähe und Distanz

„Nähe und Distanz- das wohl älteste Spiel der Welt, das immer noch die wenigsten spielen können.“ Nadine Pomes

„Nähe ist auf der Landkarte eine Frage der Distanz. Nie bei Menschen.“ Karl Heinz Karius

Unser Leben ist ambivalent. Das blenden wir aber gerne aus und neigen zu den Extremen. Daraus wird schnell ein Zuviel.

Als ich von zu Hause ausgezogen war um studieren zu gehen, freute ich mich zunächst an der neu gewonnenen Freiheit. Es war schön in einer neuen Stadt zu leben und alles nach und nach zu erforschen. Sich allein zurechtzufinden und sein eigenes Ding zu machen war eine willkommene Herausforderung und Neuerung. Irgendwann kam es aber doch auf, das Heimweh. Der Gedanke, was meine Eltern und Geschwister wohl gerade machen und wie es ihnen geht. Der Wunsch nach Hause zu kommen, wenigstens für eine Zeit.

Distanz ist etwas Wichtiges, um seine Gedanken zu ordnen, zur Ruhe zu kommen und mal ganz bei sich zu sein. Und doch suchen wir zeitweise und immer wieder die Nähe unserer Mitmenschen. Es ist eine Gradwanderung. Nicht umsonst gibt es den Spruch: „Besuch ist wie Fisch. Am dritten Tag fängt er an zu stinken.“ Genauso klingt der von einem meiner Bekannten formulierte Satz zwiespältig: „Wir freuen uns, wenn du uns besucht und freuen uns auch, wenn du wieder gehst.“ Ja was denn nun? Beides?

So ist es. Wir vereinen beide Bedürfnisse in unserer Person und wollen mal mehr das eine, mal das andere. Natürlich ist es auch eine Frage des Menschentyps. Es gibt sicher Menschen, die sich in Gesellschaft anderer auf Dauer wohler fühlen als andere. Familienbande wird sehr unterschiedlich gelebt. Ich hörte kürzlich jemand sagen: „Wenn ich unseren Sohn nicht hin und wieder anrufen würde, wüssten wir gar nichts von ihm. Er meldet sich überhaupt nicht.“ In meinem Bekanntenkreis gibt es dagegen eine Familie, die bei Familientreffen fast 50 Personen werden. Und da trifft sich nur die Kernfamilie. Nach einer Phase der Distanz sind fast alle Kinder mit Enkeln und Anhang wieder in die Nähe der Großeltern gezogen. Sie suchen die Nähe zueinander und den Austausch.

Was für ein Typ sind Sie? Brauchen Sie viel Nähe zu Ihren Mitmenschen oder genießen Sie mehr die Distanz und halten möglichst Abstand? Sicher ist es eine Mischung aus beidem.

Ich würde gerne näher bei den Eltern wohnen, könnte mir aber nicht vorstellen wieder zu Hause einzuziehen. Ich genieße die Zeit mit meiner

Frau. Kann mir aber nicht vorstellen, von morgens bis abends jeden Tag aufeinander zu sitzen. Schön wenn wir Besuch haben und schön, wenn dieser Besuch nach einiger Zeit wieder geht.

Irgendwo ist dieses Maß, das uns im Verhältnis von Nähe und Distanz fast perfekt vorkommt. Ich wünsche Ihnen auf der Suche nach Ihrem persönlichen Maß zwischen Nähe und Distanz viel Erfolg. Genießen Sie beides! Die Zeiten in denen Sie Nähe suchen und auch spüren wollen und auch die Zeiten, wenn sich etwas Abstand und Distanz richtig anfühlen und gelebt werden wollen. Genießen Sie Nähe und Distanz.

63. Genieße deine Begrenzungen

„Begrenzungen schaffen Freiräume." Esther Kleppen

„Der Blick über den Tellerrand ermöglicht nicht nur einen neuen Horizont, er zeigt auch die eigenen Begrenzungen auf." Irmgard Nägele

„Der Mensch ist nicht eher glücklich, als bis sein unbedingtes Streben sich selbst seine Begrenzung bestimmt." Johann Wolfgang von Goethe

Ein langer Tag ging zu Ende und ich lag allein an einem schönen Winterabend in einer kleinen Sauna. Vielleicht hätten noch 3 bis 4 andere hineingepasst, aber dann wäre es wirklich zu eng geworden. Ich konnte mich in dem Moment selbst orten und musste feststellen, wie wohltuend meine Begrenzungen sind. Mein Körper passte prima in diese kleine Sauna im Keller des Hauses hinein. Mehr Raum brauchte ich nicht, um zu entspannen und genießen zu können. Endlich konnte ich zumindest meine körperlichen Begrenzungen mal genießen.

Wie oft habe ich mich über meine Begrenzungen geärgert. Wenn ich krank war und dadurch an einer Veranstaltung oder anderen Unternehmungen nicht teilnehmen konnte. Wenn ich unfähig war im Matheunterricht zu verstehen, was dort an der Tafel erklärt wurde. Wenn ich Menschen offen, freundlich und hilfsbereit begegnen wollte, aber aufgrund meiner derzeitigen Laune und Kraftlosigkeit nichts Entsprechendes bieten konnte. So etwas kann einen schon mal resignieren lassen.

Gleichzeitig musste ich aber feststellen wie gut mir Begrenzungen tun. Ich kann zu etwas „Nein" sagen, weil meine Zeit und Kraft begrenzt ist. Ich kann in meinem Leben Dinge nicht so wichtig nehmen, denn ich weiß meine Zeit ist begrenzt und in einigen Monaten oder Jahren sind wieder andere Dinge wichtig. Wohlmöglich werde ich dann über frühere Prioritäten lachen. Das ist doch irgendwie auch tröstlich und befreiend oder? So kann ich auch mit meinen Begrenzungen glücklich sein und meine Zeit ganz anders genießen, wenn ich nicht ständig über mich hinauswachsen und so viele Dinge noch erledigen oder erleben muss. Ich kann neue Prioritäten setzen und ganz klar entscheiden, wofür ich meine kostbare Zeit und meine begrenzten Kräfte noch einsetzen will.

64. Genieße Wintersport

„Wintersport, glückliches Kind von Frau Holle und Väterchen Frost." Manfred Hinrich

„Beim Skifahren und in der Ehe passieren die meisten Unfälle wegen lockerer Bindung." Fritz Herdi

„Auf dem Schnee von gestern können wir auch morgen noch skifahren." Walter Ludin

Wintersport war für mich nie ein Thema. Ich bin im Flachland großgeworden und außer Schlittenfahren im Winter und stapfen durch den Schnee hatte ich keine Berührungspunkte mit Wintersport.

Das änderte sich, als ich vor einigen Jahren in eine hügeligere Region zog, in der es kleinere Skigebiete gab. Ich fuhr auf einen Skiflohmarkt in der Region und kaufte mir kurzerhand Skier, Skistiefel und Stöcker um herauszufinden, ob es vielleicht auch etwas für mich ist.

Am ersten Tag auf den Skiern auf einer blauen, also sehr einfachen Piste, machte ich meine ersten „Gehversuche“ und stürzte dabei mehr, als ich fuhr. Aber mein Ehrgeiz war geweckt. In einem Österreichurlaub dann im Januar ging ich einen Tag zum Skiverleih und lieh mir eine Ausrüstung, besorgte mir einen Skipass für das nächstgelegene Skigebiet und fuhr einfach mit der Gondel ganz hoch auf die Spitze. Ich hatte ja keine Ahnung. Oben angekommen versuchte ich den Pistenplan zu studieren um herauszufinden, wie ich da heil wieder runterkommen kann. Ich wusste, schwarze und rote Pisten sind keine gute Idee am Anfang. Leider gab es aber keine komplett blaue Abfahrt ins Tal und von Abgondeln hatte mir auch niemand etwas erzählt. So stand ich recht bald an einem schwarzen, sehr steilen Stück Piste und was soll ich sagen. Nachdem ich schon ziemlich oft hingefallen war und das ständige Aufstehen meine Muskeln bereits zittern ließ, versuchte ich einfach mit den Skiern senkrecht zum Hang langsam abzusteigen. Ich hatte damals keine Skikleidung an. Nur eine Jeans und eine Winterjacke, die am Ende ziemlich durchnässt waren. Am Abend dieses Tages war ich nass, verschwitzt, kaputt aber doch glücklich. Denn ich hatte mich getraut und nicht aufgegeben. Jahre später versuchte ich mich dann auf dem Snowboard und nach vielen Stürzen gelangen auch damit irgendwann die Schwünge und das Gefühle für das Brett wuchs stetig, wie der Spaß am Wintersport allgemein. Ich fahre jetzt jährlich in die Berge und nutze auch unsere kleinen Skigebiete vor Ort hin und wieder, um nicht einzurosten. Neben der grandiosen Aussicht von oben in den Bergen, den gemütlichen und rustikalen Hütten auf den Bergstationen mit leckerem Essen und Getränken, ist der Spaß an der Geschwindigkeit und der tollen Fortbewegung auf Schnee zu einem großen Hobby geworden.

Mir ist bewusst, wie viele Hürden dabei überwunden werden müssen. Aber ich möchte doch für diesen tollen Sport werben. Er schafft Gemeinschaft, denn meist fährt man in der Gruppe. Man bekommt Ausdauer, genießt das Panorama an der frischen Luft und die Atmosphäre auf der Piste. Und es macht einfach einen riesen Spaß.

Eine Ausrüstung zu leihen ist meist gar nicht so teuer, und wenn man noch günstig übernachten kann bzw. gleich als Gruppe ein Haus mietet, sind die Kosten auch insgesamt überschaubar. Genießen Sie Wintersport!

65. Genieße Begeisterung

„Wir handeln als ob Bequemlichkeit und Luxus das Wichtigste im Leben sei, wo doch alles das wir brauchen um wirklich glücklich zu sein etwas ist, für das wir uns begeistern können." Charles Kingsley

Wann waren Sie zuletzt so richtig von etwas begeistert?

Begeisterung ist etwas, das das Leben lebenswert macht. Nicht nur Motivationstrainer, sondern auch Chefs, Abteilungsleiter, Vorarbeiter, Erzieher und jeglicher Anleiter fragt sich, wie er Menschen für eine Sache begeistern kann. Die Mutter fragt sich, wie sie ihre Kinder für das Sauberhalten des eigenen Zimmers begeistern kann. Der Lehrer fragt sich, wie er eine Horde Schüler für das Unterrichtsthema motiviert bekommt.

Ich kann einer Tätigkeit auch ohne Begeisterung nachgehen, aber das erlebt fast jeder als Zeitverschwendung. Wir brauchen Begeisterung für die Dinge die wir tun! Es muss uns unter die Haut gehen. Der Hirnforscher Gerald Hüther hat ein Buch mit dem Titel „Was wir sind und was wir sein können" geschrieben. Darin beschreibt er das Dilemma unserer Zeit. Nur die Dinge, die uns wichtig sind, können uns auch begeistern. Leider gilt es heute vieles abzuarbeiten. Die Steuererklärung muss gemacht werden. Mails wollen beantwortet werden. Viele Menschen haben eine Schreibtischjob. Es ist manchmal schwer dort Begeisterung zu finden, oder?

Ein tolle Neuigkeit ist, dass es gar nicht auf unsere Umwelt ankommt. Die Frage ist eher, was wir subjektiv als wichtig erachten.

Der eine fährt mit dem Fahrrad am Froschteich vorbei. Der nächste bleibt stehen, packt seine Lupe aus und beginnt diese kleinen, grünen Wesen zu studieren und sich für ihre Verhaltensweisen zu begeistern. Dann geht er nach Hause und muss am besten sofort jemandem von seiner Begeisterung und seinen Erkenntnissen erzählen. Dabei werden neue Netzwerke im Gehirn gebildet und Synapsen verschaltet.

Oftmals ist unser Alltag aber scheinbar frei von Begeisterung, die all das Gute in unserem Hirn bewirkt. Warum? Weil wir uns aus unserer Tätigkeit oft kein Glück versprechen. Glück entsteht laut Gerald Hüther dort, wo unser Bedürfnis nach Verbundenheit einerseits und nach Freiheit andererseits gestillt wird. Wir brauchen also die anderen, um in ihrer Nähe zu wachsen. Einer begeistert und befruchtet den anderen. Hüther sagt: „Das Leben ist ein erkenntnisgewinnender Prozess.“ Lassen wir uns auf diesen Prozess ein um neu Begeisterung finden.

66. Genieße es, Dich richtig einzuschätzen

„Jede Einschätzung ist mit dem Schleier des Irrtums behaftet.“ Hubert Joost

„Die kritische Einschätzung der Leistung anderer die oftmals der Aufwertung eigener.“ Hubert Joost

„In unserem Universum gibt es viele seltene Dinge. Zu den seltensten gehört, daß die Einschätzung der eigenen Persönlichkeit richtig ist.“ Wolfgang J. Reus

Wie leicht es ist, bei anderen eine Einschätzung vorzunehmen. Dieser kann nicht singen. Jener kann nicht ordentlich Autofahren. Er hat keine

Ahnung von Politik. Sie hat eine einzigartige Stimme. Er ist der beste Fußballer den ich kenne. Lob und Kritik fallen uns da leicht, obwohl wir oft nur wenige Informationen über andere Personen haben. Aber wie sieht es mit unserer eigenen Person aus?

Wie schnell hat man sich selbst unter- oder auch überschätzt. Lob oder ehrliche, gut gemeinte Kritik können uns helfen, uns richtig einzuschätzen. Aber auch da nehmen wir das Lob bestimmter Personen besser an. Oder wir lassen uns auch nur von wenigen Menschen kritisieren. So wird das Lob einer sonst kritischen und distanzierten Person eher akzeptiert und für voll genommen, als das der eigenen Mutter. Und das oft zu recht. Wer kennt sie nicht? Leute die in Talentshows mit einem von den Eltern gestärkten Selbstbewusstsein auftreten und dann objektiv nur wenig Talent im gefragten Bereich vorweisen können. Wolfgang Reus hat also recht, wenn er sagt, dass die wenigsten dazu in der Lage sind, sich richtig einzuschätzen.

Wie komme ich dahin, meinen Platz zu finden? Auf einer Skala von eins bis zehn ist vielleicht Adele die Sängerin mit einer zehn und ich ordne mich selbst bei drei oder vier ein? Unsere Spiegelneuronen helfen uns dabei, uns selbst zu skalieren. Wenn ich mal etwas laut singe oder vorsinge kann ich am Gesichtsausdruck und der Reaktion meiner Zuhörer feststellen, wie sehr die anderen von meiner Stimme und meinem Ausdruck ergriffen sind. Im Besten Fall fragt mich jemand, ob ich nochmal etwas singe oder lobt meinen Gesang. Wenn das nicht passiert, habe ich vielleicht trotzdem gut die Töne getroffen und könnte in einem Chor mitsingen. Für eine Solokarriere reicht es dann aber nicht.

Wo stehe ich? Vielleicht empfinde ich mich als nicht besonders sportlich. Würde aber trotzdem im 100m Lauf viele meiner Freunde abhängen. Die Frage ist, wie wichtig es mir ist, mich da genau zu verorten. Wohlmöglich ist es mir auch egal, mich an dieser Stelle richtig einzuschätzen.

Im Internet findet man unzählige Threads zum Thema Selbsteinschätzung und natürlich Selbstvertrauen. Da niemand Distanz zur eigenen Person hat, fehlt einfach der Abstand für eine realistische Selbsteinschätzung. Wir brauchen dafür die anderen!

Wenn ein junger Mann schon zwanzig ist und noch keine Freundin hatte, schrumpft gerne das eigene Selbstvertrauen und man schätzt sich negativ ein. „Ich bin nicht hübsch, nicht sportlich, nicht eloquent genug, dass andere sich für mich interessieren.“ Das ist natürlich alles sehr subjektiv aber für diese Person stimmen diese Einschätzung aufgrund des eigenen Erlebens und Verhaltens.

Ich lese die Reaktionen meiner Mitmenschen und interpretiere sie nach meinem Ermessen und durch meine Brille hindurch. Objektiv gesehen ist man vielleicht nicht herausragend gutaussehend aber weiß Gott nicht hässlich. In der Regel liegen wir irgendwo dazwischen und entscheiden selbst unseren Platz auf der Skala der Selbsteinschätzung.

Wir sind unseres eigenen Glückes Schmied. Ich glaube, wer sich selbst besser einschätzt als er ist, kann bei einer Talentshow tierisch auf die Nase fallen. Im richtigen Leben sitzt da aber keine Jury aus Experten vor mir und bewertet meinen Auftritt auf der Bühne des Lebens, sondern es sind Menschen wie du und ich. Oft sind diese Menschen relativ unvoreingenommen und müssen sich erst ein Bild von mir machen. Es hängt auch von meiner Tagesform ab, wie dieses Bild aussieht. Erscheine ich müde und gereizt, habe seit Tagen nicht geduscht und fühle mich unausgeglichen, wird dieses Bild negativer ausfallen als es müsste. Wer gerade ausgeruht, fröhlich, aufgeschlossen und zuvorkommend auf die Bühne tritt, hinterlässt ein ganz anderes Bild.

Da spielen Maßstäbe wie das gottgegebene Aussehen erstmal eine untergeordnete Rolle.

Genieße es also dich richtig einzuschätzen und mit dem, was dir andere positiv spiegeln, zu wuchern und damit zu punkten. Wer eine Redegabe hat, diese aber nicht oft und gezielt nutzt, fängt an daran zu arbeiten und sich diese öfter bewusst zu machen. Wer eigentlich musikalisch ist, aber bisher kein Durchhaltevermögen beim Lernen eines Instruments oder der Schulung der eigenen Stimme hatte, fokussiert diesen Bereich und nimmt sich dafür mehr Zeit.

Ich glaube es gibt mehr Menschen, die sich unterschätzen als jene, die sich völlig überschätzen und dadurch arrogant wirken. Unsere Persönlichkeit bedingt es, dass wir zum einen oder anderen neigen. Genießen Sie es, sich von anderen einschätzen zu lassen. Lassen Sie sich von möglichst vielen Menschen, denen Sie vertrauen, spiegeln und einschätzen. Nur so kommen wir zu einer halbwegs passenden und guten Selbsteinschätzung, die uns dann auch Selbstvertrauen schenkt. Genießen Sie es, sich richtig einzuschätzen.

67. Genieße es zu sagen was andere dir bedeuten

Hier an dieser Stelle sagt die Überschrift eigentlich schon alles was wichtig ist.

Genießen Sie es auszusprechen, wenn Ihnen andere Menschen etwas bedeuten. Nicht nur einmal, nicht nur zweimal. Am besten Sie sagen es hundertmal. Das kann man nie oft genug sagen.

Viele Menschen klagen darüber, dass der Partner den Satz „Ich liebe dich“ nie ausgesprochen hat.

Der bekannte Rockmusiker Zucchero hat mal ein Interview gegeben, bei dem er von dem Verhältnis zu seinem Vater berichtete.

Darin schildert er, dass er seinen Vater sehr geliebt hatte und sein Vater muss auch ihn geliebt haben. Leider war er es, geprägt von der Nazizeit, gewohnt, keine großen Emotionen zu zeigen. Zucchero wurde immer bekannter und hatte überall Auftritte aber sein Vater hatte ihm nie gesagt, dass er stolz auf ihn sei.

Als sein Vater Ende der 90er Jahre starb, fuhr Zucchero nach einem Auftritt in München die ganze Nacht mit dem Auto nach Emilia Romagna und erreichte ihn gerade noch vor seinem Tod. Als er ihn sah, ist er mit einem Lächeln eingeschlafen.

Bezeichnend ist, wie wertvoll für ihn diese kleinen Worte gewesen wären: Ich bin stolz auf dich.

Vielleicht warten Sie nur darauf, dass es Ihr Partner, Freund, Verlobter oder Lebensgefährte endlich ausspricht: Ich liebe dich. Du bedeutest mir sehr viel. Ohne dich wäre mein Leben viel ärmer.

Was auch immer Sie gerne hören würden. Sagen Sie es selbst zu den entsprechenden Personen, die Ihnen viel bedeuten. Nehmen Sie all Ihren Mut zusammen. Sie werden sehen, es können noch Zeichen und Wunder geschehen.

Genießen Sie es zu sagen, was andere Ihnen bedeuten.

68. Genieße deine Atmung

„Warum legen wir so viel Wert auf Nahrung und so wenig auf die Atmung und noch weniger auf unsere Gedanken." Dr. Ebo Rau

Unsere Atmung ist etwas, auf das wir nicht achten, solange unser Puls im Ruhemodus ist. Da hebt und senkt sich unser Zwerchfell von selbst und wir ziehen Luft in unsere Lungen, deren Oberfläche der eines Tennisplatzes gleicht. Etwa 15 Mal pro Minute passiert dies unmerklich, z.B. während ich hier am PC sitze.

Sobald allerdings Bewegung ins Spiel kommt und unsere Muskulatur eine höhere Leistung erbringen muss, beschleunigt sich unsere Atmung und wir beginnen irgendwann zu keuchen. Je nach Ausdauer ist dann der eine schneller aus der Puste als der andere. Jetzt spüren wir klar, was unser Körper da macht. Wer beim Sport schon so richtig aus der Puste war, kennt auch das unangenehme Brennen, wenn der Körper versucht viel neuen Sauerstoff in die erschöpften Muskeln zu bringen und an seiner Leistungsgrenze angekommen ist.

Aber warum nur an dieser Stelle die Atmung wahrnehmen? Im beruflichen Alltag, wenn Stress aufkommt, kann bewusst tiefes Ein- und Ausatmen helfen.

Bei einer aufregenden Situation auf Arbeit begann mein Herz mal richtig an zu rasen. Ich wollte diese innere Aufregung überhaupt nicht und wusste, dass man mir das auch anmerken würde. Eben weil mein Herz so raste. Ich entschied mich bewusst tief ein- und auszuatmen und siehe da. Mein Puls beruhigte sich langsam und ich konnte souverän und entspannt weitermachen.

Es gibt dazu sogar verschiedene Therapieangebote, die das bewusste Atmen zur Stressreduktion, für Entspannung und Wellness anpreisen.

Beim Yoga gehören Atemübungen ebenfalls dazu und verfehlen ihre Wirkung nicht.

Wenn Sie bequem sitzen, Ihre Augen schließen, atmen Sie langsam ca. 4 Sekunden lang nur ein. Für 6 Sekunden halten Sie die Luft in Ihren Lungen und beim Ausatmen lassen Sie sich sogar 8 Sekunden Zeit. Das wiederholen Sie dann mehrmals. Wichtig ist, dass es nicht anstrengend für Sie wird sondern sich ein Wohlgefühl bei Ihnen einstellt. Probieren Sie es doch mal für ein paar Minuten aus. Sie werden Ihre Umgebung achtsamer und bewusster wahrnehmen. Draußen im Park vielleicht das Zwitschern der Vögel, das Wasserplätschern oder das Rauschen des Windes. Sie werden entspannt und relaxt wieder aufstehen.

Genießen Sie Ihre Atmung.

69. Genieße Poesie

„Poesie bewegt Himmel und Erde.“ Aus Japan

„Poesie ist Wahrheit, die in Schönheit wohnt.“ Robert Gilfillan

„Was für die Blumen die Sonne ist für das Herz Poesie.“ Oskar Stock

„Poesie ist die Aufhebung der Beschränkungen des Lebens.“ Franz Grillparzer

Lange wurde die Poesie als tot geglaubt. Vor 20 Jahren hätte niemand mehr gedacht, dass sich daran noch einmal etwas ändert. Nur widerwillig und oft relativ desinteressiert lernten Schüler Gedichte von Goethe, Schiller, Fontane oder Hölderlin.

Moderne Dichtkunst war für viele ein Fremdwort. Wer kennt schon ein modernes Gedicht aus den letzten 20 Jahren auswendig?

Mein Großvater liebte die Poesie und sagte bei fast jeden Anlass ein Gedicht vor der versammelten Mannschaft auf, sicher und fehlerfrei mit Ausdruck und Leidenschaft. Mit seiner Liebe zur Poesie war er in der Familie und dem Bekanntenkreis ziemlich allein. Aber man ließ ihn wohlwollend gewähren. Wir, seine Enkel, lernten das eine oder andere Gedicht von ihm und ich bin heute noch dankbar, dass ich aus dem Kopf Schillers „Handschuh" oder Fontanes „John Maynard" aufsagen kann. Auch wenn es nie zur eigenen Leidenschaft geworden ist Gedichte zu memorieren oder gar zu schreiben, ließ ich mich als Kind doch von seiner Leidenschaft zeitweise anstecken.

Heute leben wir sowieso in einer anderen Zeit. Seit über zehn Jahren ist „Poetry Slam" in aller Munde. Namen wie Julia Engelmann mit „One Day", mehr als 10 Millionen mal im Netz angeschaut, oder Julius Fischer, mein Favorit unter den modernen Poeten, sind einer breiten Masse bekannt.

Sie stehen auf den Bühnen der Republik und „performen" ihre selbstgeschriebenen Texte eindrucksvoll unter dem Applaus der Zuschauer. Patrick Salmen mit seinem „rotrostkupferbraunbronze" ist dabei unvergessen geblieben. Herrlich wie dieser begabte, junge Autor mit Emotionen und genialen Wortspielen bei seinem Bartthema aufhorchen lässt. Wem all diese Namen nichts sagen, hat vielleicht von Torsten Sträter gehört. Er ist doch sehr präsent im deutschen Fernsehen und liest gern neumodisch vom Tablet seine Texte vor.

Schauen Sie doch mal, was die moderne Poesie zu bieten hat oder schreiben Sie gleich selbst Ihre Gedanken und Gefühle nieder. Die gute Nachricht: Es muss sich nicht einmal reimen. Genießen Sie Poesie.

70. Genieße Literatur

„Literatur ist Unsterblichkeit der Sprache.“
Friedrich von Schlegel

„Alles, was nicht Literatur ist, langweilt mich.“
Franz Kafka

„Literatur gibt der Seele Nahrung, sie bessert und tröstet sie.“ Voltaire

Seit Gutenberg den Buchdruck im 15.Jahrhundert erfand gibt es unzählige Bücher auf dem Markt und es werden von Jahr zu Jahr mehr. Die Bücher alle lesen zu wollen würde wohl nicht nur 2, sondern vielleicht 20 Leben dauern. Da gilt es eine Auswahl zu treffen. Wer kann schon seine Zeit hauptsächlich fürs Lesen aufwenden?

Natürlich hat jeder Mensch andere Präferenzen. Der eine mag mehr die Romanliteratur, ein anderer liebt Sachbücher und der nächste kann nicht genug von Fantasy-Literatur bekommen. Ich lese für mein Leben gerne historische Romane und Ratgeberliteratur. Aber auch Unterhaltungsschmöker haben es mir schon hin und wieder angetan.

Welche Art von Büchern mögen Sie? Im Netz gibt es zahlreiche Listen mit den hundert wichtigsten Büchern aller Zeiten oder den besten Romanen der letzten zehn Jahre. Auf Plattformen wie Amazon.de werden Ihnen zu den von Ihnen gekauften Büchern gleich ähnliche empfohlen. So kommt nur noch selten die Frage auf, was man als nächstes lesen könnte, wenn ein Buch sich dem Ende zuneigt.

Ob das Buch „oldschool" in Papierform oder neumodisch auf dem Handy, Tablet oder Ebook Reader gelesen wird, ist sicher eine Frage der Vorlieben. Ich habe alle Varianten probiert und lese nach wie vor am liebsten die Papiervariante aber das kann jeder für sich entscheiden. Am Geld sollte es auf keinen Fall scheitern, sich mit

Literatur zu beschäftigen. Es gibt Gebrauchtbörsen für Bücher im Netz und das Antiquariat, bei dem ältere Literatur meist günstig zu erstehen ist. Erweitern Sie durch gute Literatur Ihren Horizont oder lassen Sie sich einfach gut unterhalten. Nie habe ich die Zeit mit einem guten Buch auf der Couch oder am Strand im Liegestuhl bereut.

Genießen Sie Literatur und lassen Sie sich zu neuen Gedanken inspirieren.

71. Genieße den Placebo Effekt

„Placebos: für enervierende Hypochonder auf ihren Sterbebetten in spe vorzüglich geeignetes Beruhigungsmittel erzielt mindestens die Wirkung von Methadon.“ Andreas Egert

Auch wenn Andreas Egert etwas zynisch vom Placebo spricht, ist es doch ein in der Medizin anerkannter und genutzter Effekt. Überall auf der Welt wird natürlich auch damit Schindluder getrieben. Mit Zauberformeln und fragwürdigen Therapien wird der Kampf gegen Krankheiten aufgenommen und wenn die Heilung eintritt sind alle zufrieden. Egal ob es jetzt am Hokuspokus oder der Selbstheilungskraft des Körpers gelegen hat.

Der manchmal unzerstörbare Glaube an die Heilung durch ein Verfahren, Medikament oder eine Operation kann sprichwörtlich beim Patienten Berge versetzen. In Studien hat man den Placebo Effekt erforscht. Dabei gab man Menschen mit Knieproblemen vor, sie würden einer Operation am Knie unterzogen. Letztlich operierte man aber nur die Hälfte der Probanden und die andere Hälfte bekam eine schöne Operationsnarbe am Knie, aber es wurde keine echte OP durchgeführt. Raten Sie was passierte.

Den nicht operierten Probanden ging es genauso besser mit ihrem Knie wie den tatsächlich operierten. Auch derartige Medikamentenstudien brachten solche Ergebnisse. Ein Teil der Probanden bekam echte Medikamente, der andere nur ein Placebo verabreicht. Unser Glaube an die Wirkung einer Behandlung hat nachweislich sehr viel Wirkung auf den Verlauf von Erkrankungen und deren Heilung.

Warum schreibe ich davon? Ich glaube wir sollten uns diesen Effekt zunutze machen. In den besagten Studien half das Placebo selbst denen, die davon wussten. Obwohl ich also weiß, dass man mir ein Medikament ohne Wirkstoff verabreicht, geht es mir hinterher besser. Anstatt also das ganze Thema als Scharlatanerie zu verwerfen möchte ich Sie dazu ermuntern, diesen Effekt auch für sich zu nutzen.

Selbst bei einer einfachen Erkältung ist es am Ende die Selbstheilungskraft des Körpers, Ihr Immunsystem, dass nach einigen Tagen zur

Besserung führt. Es hilft nicht die Hühnersuppe und auch nicht die Vitaminpillen. Auch wenn uns das gerne vorgegaukelt wird. Wer einfach nur Bettruhe hält wird genauso schnell gesund.

Dennoch haben wir das Bedürfnis etwas zu tun. Wir wollen aktiv an unserer Gesundung beteiligt sein, sie unterstützen wo wir nur können. Und da kommt der Placebo Effekt ins Spiel. Trinken Sie Fencheltee mit Honig und extra Zitrone für den Vitamin C Haushalt. Essen Sie eine Hühnersuppe und machen Sie sich Wadenwickel bei Fieber. Die haben übrigens einen echten, nachweislichen Effekt. Sie verringern die Körpertemperatur.

Werden Sie aktiv! Genießen Sie es zu Ihrer Gesundung beizutragen und dabei gilt immer: Genommen wird was hilft. Und manchmal hat einfach der Glaube an eine Wirkung den besten Effekt. Warum also nicht den verschreiben? Genießen Sie den Placebo Effekt.

72. Genieße es, dich selbst zu lieben und das, was du tust

„Sei verliebt in dich selbst, damit dich auch die anderen lieben können.“ Siranus Sven von Staden

„Liebe dich selbst. Nur wenn du dir deine Fehler verzeihst, kannst du dich akzeptieren und lieben. Erst dann gelingt es dir, auch anderen zu vergeben und sie zu lieben. Bedenke: niemand ist ohne Fehler.“ Traudy Rinderer

„Tu`, was du liebst! Wenn du nicht tun kannst, was du liebst, dann liebe, was du tust! Und dann tust du ja, was du liebst!“ Willy Meurer

Hier möchte ich zwei wichtige Themen zusammenfassen. Das Thema Selbstliebe und die Frage, ob wir das lieben was wir tun.

In einem bekannten Spruch heißt es: „Liebe dich selbst, dann können die anderen dich gernhaben." Da steckt eine tiefe Wahrheit drinnen. Denn wer sich selbst liebt ist innerlich stark, hat Selbstvertrauen. Das macht unabhängig von der Bestätigung oder Anerkennung anderer. Eine große Freiheit. Es fällt dadurch leicht auf andere zuzugehen, weil die Angst vor Ablehnung fehlt. Dadurch können Sie auch die positiven Seiten des Gegenübers hervorheben. Das wirkt wiederum charmant. Sie werden als sympathischer Zeitgenosse wahrgenommen.

Wer sich selber liebt wirkt ausgeglichen und hat eine positive Ausstrahlung. Andere Menschen sind gern mit Ihnen zusammen. Sie wirken als starke Persönlichkeit nach außen und werden dafür respektiert.

Wer sich selber liebt hat auch weniger Erwartungen an andere. Dadurch können Sie seltener enttäuscht werden und sind weniger verletzt, deprimiert oder einsam. Sie haben weniger Angst vor Misserfolg und sind dadurch risikofreudiger, und entscheidungsfreudiger und glauben an Ihre Fähigkeiten.

Sie sind großzügig und tolerieren Ihre Mitmenschen, können besser lieben und die Fehler anderer verzeihen. Wenn wir uns selbst lieben, behandeln wir uns selbst so gut, wie die Menschen, die wir lieben. Wir wollen schließlich, dass es unseren Lieben gut geht. Also tun wir, wenn wir uns selbst lieben auch alles dafür, dass es uns gutgeht.

Verwechseln Sie Selbstliebe bitte nicht mit Narzissmus oder Arroganz. Darum geht es nicht. Nur wenn wir uns selbst lieben können wir das Leben richtig genießen.

Lieben Sie was Sie tun? Oft höre ich Menschen klagen, dass sie ihre Arbeit eigentlich nicht mögen. Sie verbringen täglich 8 Stunden mit Dingen, die sie nicht lieben, aber tun müssen. Auf dem Weg zur Arbeit verbringen sie oft auch noch 2 Stunden des Tages im Auto oder Zug. Es fühlt sich an wie Zeitverschwendung. Kostbare Lebenszeit geht verloren.

Das oben genannte Zitat von Willy Meurer trifft den Nagel auf den Kopf. „Tu`, was du liebst! Wenn du nicht tun kannst, was du liebst, dann liebe, was du tust! Und dann tust du ja, was du liebst!" Es geht um einen Sinneswandel. Und es ist einfacher als es aussieht. Ein Mann, der bei der Post die Briefe abstempeln musste, wurde einmal gefragt, ob ihm das nicht zu langweilig wäre. Er sagte darauf: „Wieso? Es ist doch jeden Tag ein anderes Datum!" Sicher ist das ein Lebenskünstler. Werden Sie auch einer!

Wenn Sie schon tun was Sie lieben ist es perfekt. Sollte das nicht der Fall sein, tun Sie es in Zukunft. Entweder indem Sie ab heute tun, was Sie lieben oder indem Sie ab jetzt lieben, was Sie tun. Es braucht eine Entscheidung dazu! Nicht mehr und nicht weniger. Sie werden merken, wie sich Gedanken und Emotionen diesbezüglich verändern.

73. Genieße es, dein Ding zu machen

Kennen Sie Christian Bischoff? Er ist ein sehr erfolgreicher Motivationstrainer und Autor und hat ein Programm mit dem Namen: „Die Kunst dein Ding zu machen."

Er beschreibt sein Seminar so: „DIE KUNST, DEIN DING ZU MACHEN hilft Dir, Dein volles Potential zu entfalten und das Beste aus Dir und Deinem Leben zu machen. Du lernst Deine bisherigen Grenzen zu sprengen, innere Stärke aufzubauen und Selbstvertrauen bis in die Haarspitzen zu tanken, um Deine größten Träume und Visionen zu erreichen."

Ich glaube nicht, dass jeder dieses Seminar besuchen muss aber ich bin ganz bei ihm, dass wir mentale Stärke brauchen und an uns selbst glauben müssen, um unser Ding zu machen.

Wenn wir uns nicht als Individuen wahrnehmen, die der Welt und den Menschen etwas zu bieten haben, werden wir uns schwertun, auf eigenen Beinen zu stehen.

Vieles, was meines Erachtens nach dabei hilft, habe ich bereits in diesem und dem vorangegangen Buch „Genussmensch“ beschrieben. Ich will deshalb nur ein paar Fragen an dieser Stelle nennen, die Ihnen helfen, wesentliche Punkte in den Fokus zu bekommen. Wenn Sie diese Fragen positiv beantworten können, sind Sie auf dem richtigen Kurs.

Wie sehen Sie sich selbst (Selbstliebe/Selbstvertrauen)? Haben Sie mit Ihrer Vergangenheit abgeschlossen? Glauben Sie an eine gute Zukunft, die Ihnen Erfolg bringen wird? Stehen Sie mit beiden Beinen fest im Hier und Jetzt? Haben Sie Ziele für Ihr Leben? Fühlen Sie sich innerlich stark auch Rückschläge zu akzeptieren und in Lernerfolg umzuwandeln?

Wir alle haben es verdient mit unserer Zeit nicht nur für die Bedürfnisse und Wünsche anderer zu arbeiten. Wir haben es verdient, unser Ding zu machen! Wenn Ihnen dazu noch die Motivation fehlt, ist so ein Seminar vielleicht eine Option für Sie. Lassen Sie sich motivieren.

Genießen Sie es, Ihr Ding zu machen.

74. Genieße es, Dinge gemeinsam zu machen

Auf einer Tagung lernte ich einen jungen Mann kennen, der schon die ganze Welt gesehen hat. Er war auf allen Kontinenten mehrmals und er erzählte mir, dass er allein in einem Jahr 10 Länder besucht hatte. Wie das geht? Das habe ich mich auch gefragt. Um es kurz zu machen, er arbeitet auf einem großen Flughafen, und ist alleinstehend und sehr reiselustig. Warum erzähle ich das?

Ich war auf der einen Seite völlig baff von seinen Möglichkeiten die Welt zu bereisen. Als ich aber fragte, wer da mit ihm unterwegs sei, erklärte er mir, dass er meist allein reise.

Sicher ist es toll die Welt zu sehen und damit seinen Horizont zu erweitern, wenn dazu Geld, Zeit und Lust vorhanden sind. Aber mit wem kann ich meine tollen Erfahrungen und Erlebnisse teilen, wenn niemand dieselben Erlebnisse macht wie ich?

Ein anderer junger Mann machte eine Reise durch Amerika mit dem Fahrrad. Er flog nach Kanada und nahm sein Rad aus Deutschland mit. Ein ganzes Jahr fuhr er an der Westküste entlang durch die USA, Mexiko und einen großen Teil Südamerikas. Eine seiner wichtigen Erkenntnisse war: Wer allein unterwegs ist hat viel Zeit mit sich selbst. Beim Fahrradfahren strengst du dich körperlich an und hast vielleicht in dem einen oder anderen Ort mal Begegnungen mit Menschen. Abends, wenn er sein Zelt aufgebaut hatte und sein Abendbrot zu sich nahm, war er einsam und ging früh schlafen. Natürlich kann man mal ein Buch lesen oder sich mit anderen Dingen beschäftigen. Wie schön wäre es aber gewesen, wenn ihn jemand begleitet hätte und all diese Erfahrungen des Unterwegsseins auf einem fremden Kontinent mit ihm geteilt hätte.

Genießen Sie es, Dinge mit anderen gemeinsam zu machen. Es macht einfach mehr Freude, sich über das Erlebte austauschen zu können, als allein mit seinen Erlebnissen und Erkenntnissen zu sein.

75. Genieße deine Grundeinstellung

„Es kommt nicht auf den Stand an, worin man lebt, sondern auf die Grundeinstellung, von der aus man Gott und seine Gesetze als das Oberste und Endgültige empfindet.“ Gustav Falke

Haben Sie Aufkleber auf Ihrem Auto? In meiner Jugendzeit hatte ich das Gefühl, dass fast jedes Auto mindestens einen Aufkleber auf seiner Heckklappe hatte, auch wenn es nur das große D für Deutschland oder ein anderer Landesaufkleber war. Es gab Sprüche mit fragwürdigen Weisheiten und Fans von Fußballclubs die ihrem Verein huldigten uvm.

Als ich an einer Kreuzung stand, sah ich an der Heckklappe eines Autos einen Smiley- Aufkleber, der seinem Hinterherfahrenden einen Stinkefinger zeigte. Darunter stand etwas wie: „Natürlich bist du schneller, aber ich fahre vor dir.“

Das mag banal klingen und jeder kennt die Drängler auf deutschen Autobahnen und fühlt sich davon vielleicht auch mal genervt. Aber was für eine Grundeinstellung den Menschen gegenüber hat jemand, der einen solchen Aufkleber am Auto spazieren fährt? Denn schließlich bekommt den Finger jeder zu sehen der hinterherfährt. Auch der, der gerade auf dem Supermarktparkplatz oder an der Kreuzung dahinter ansteht.

Auf einer Reise in den Alpen machte ich mal bei einem älteren Ehepaar halt, die eine schöne Pension betrieben. Alles war sehr hübsch und nett auf den ersten Blick. Am Morgen beim Frühstück aber fing die Dame ein wenig an zu erzählen. Ihr Thema waren die vielen Ausländer, die zu Hauf in das Land kämen und den Einheimischen die Arbeit wegnehmen würden. Ich weiß nicht aus welchen Erfahrungen und Statistiken heraus diese Meinung entstanden ist, möchte aber nicht nur diese Frau, sondern auch Sie und mich hinterfragen. Was ist meine Grundeinstellung den Menschen gegenüber? Mir hat jemand bei einer Servicehotline gesagt, als ich mich über einen Sachverhalt geärgert hatte: „Rufen Sie da nochmal an und erklären Sie Ihren

Sachverhalt. Das sind ja auch keine Unmenschen bei XY."

Da ging mir ein Licht auf! Der andere, der hinter mir auf der linken Spur drängelt und vorbei will, ist deshalb noch kein „Unmensch", sondern vielleicht ein sehr liebevoller Familienmensch, der nur gestresst zu einem Termin muss. Die ältere Frau in den Alpen hat wohl irrationale Ängste und ist genauso kein Unmensch.

Wenn wir es schaffen, unsere Grundeinstellung zu ändern und unvoreingenommen auf Menschen zuzugehen, können wir so manche Überraschung erleben und Menschen völlig anders kennenlernen. Schauen wir nicht mehr durch unsere Vorurteilsbrille. Erwarten wir die edelsten Beweggründe und lassen es unser gegenüber auch spüren. Sehen wir abwartend, klar und offen auf unsere Mitmenschen und erwarten das Unerwartete im positiven Sinne. Auch wenn es sicher Enttäuschungen geben kann möchte ich kein Skeptiker mehr sein.

Es gibt diese Geschichte von dem Juristen, der nach Hause kommt und seiner Frau schlimme Dinge unterstellt. Einfach weil es sein tägliches Brot ist dies bei Menschen zu tun. Der Pädagoge, der zu Hause seinen Partner Unselbstständigkeit unterstellt, weil er diese täglich auf Arbeit bei anderen erlebt. Das sind sicher berufsspezifische Ticks. Aber auch wir werden von unserem Umfeld sowohl positiv als auch negativ geprägt.

Lassen Sie uns einen neuen Blick auf unsere Mitmenschen riskieren. Genießen Sie Ihre positive Grundeinstellung gegenüber Ihren Mitmenschen.

76. Genieße es, dich nicht so wichtig zu nehmen

Ein alter Herr, den ich gut kannte, feierte seinen 80 Geburtstag. Er hatte sich viele Jahrzehnte ehrenamtlich engagiert. Man beschloss aber, aufgrund einiger Alterserscheinungen, ihn nicht mehr nach seinem Engagement zu fragen zumal er auch den Wunsch geäußert hatte, kürzer treten zu dürfen.

Nach einiger Zeit spürte man eine Wandlung in seinem Verhalten. In den Treffen wurde er vorwurfsvoll und laut und überwarf sich schließlich mit den Menschen, mit denen er schon seit Jahrzehnten gemeinsam unterwegs war. Sein Austritt aus dem Verein war dann der endgültige Schlussstrich.

Ich war damals ein wenig verwirrt, konnte aber nach und nach verstehen was da passiert war. Er war jemand gewesen, der gern von sich und seinen Leistungen zu erzählen pflegte. Mit über 80 Jahren konnte er z.B. immer noch gut Skifahren. Er hatte sicherlich viel in seinem Leben geleistet aber das war ihm auch sehr bewusst und er war daher auch sehr stolz. Die Tatsache, dass man nun bereit war auf seine

Dienste zu verzichten, hat seine Welt und sein Selbstbild zum Einsturz gebracht. Er machte natürlich alle anderen dafür verantwortlich und brach dann zu diesen vermeintlich bösen, lieblosen und undankbaren Menschen den Kontakt ab.

Ich möchte Sie dafür sensibilisieren, nicht in dieselbe Falle zu tappen. Mein eigener Großvater war ein sehr demütiger Mensch. Trotz seiner vielfältigen Begabungen war er immer sehr bescheiden und hat seine Person nicht zu wichtig genommen. Er ist mit einem dankbaren Herzen von uns gegangen und hätte sich nie mit jemanden überworfen, weil er auf sein Recht beharrt hätte.

Genießen Sie es, sich nicht so wichtig zu nehmen denn das macht uns hart und unfrei.

77. Genieße es am Leben teilzunehmen

In einer Sendung über berufliche Selbständigkeit in Deutschland wurde ein Mann vorgestellt, der als Automechaniker in der eigenen Werkstatt in Berlin arbeitete. Er hatte sich schon früh für eine Selbstständigkeit entschieden und war auch stolz darauf, sein eigener Herr sein zu dürfen. Ein geflügeltes Wort, dass Selbstständige oft verwenden, wurde auch in der Sendung aufgegriffen. „Ich bin selbst und ständig." So empfand es auch dieser Mann, der oft 16 Stunden durcharbeitete und bereits einen Herzinfarkt erlitten hatte. Er wollte sich daraufhin öfter freinehmen, mit Yoga und Sport einen Ausgleich für seine Arbeit bekommen. Ein Satz, der mir nachhaltig noch im Gedächtnis geblieben ist, war: Ich bin froh, dass ich noch am Leben teilnehmen darf. Dieser Satz war gefallen da ihm bewusstwurde, dass ein gewisser Prozentsatz von Herzinfarktpatienten eben nicht überlebt.

Warum sollten wir diese Erkenntnis nicht auch für unser Leben übernehmen? Genießen Sie es am

Leben teilnehmen zu dürfen! Das bedeutet auch, sich nicht zu wichtig zu nehmen, dankbar für jeden Tag zu sein und das Zusammensein mit anderen zu genießen. Wenn wir uns bewusstwerden, dass das alles nicht selbstverständlich ist, werden wir unsere Sicht auf das Leben verändern.

Wenn ich an der Kasse warte und es eilig habe, kann ich barmherzig mit der Kassiererin werden, weil ich einen anderen Horizont habe als mich und mein Bedürfnis, schnell weiter zu kommen. Wenn ich unzufrieden bin über meine Arbeitssituation, glaube zu wenig Geld zu haben oder über gesundheitliche Gebrechen klage, kann ich mit Dankbarkeit für das Leben selbst Gelassenheit gewinnen. Ich kann sagen: Mein Leben ist zwar nicht perfekt oder in jeder Hinsicht so, wie ich es mir wünsche aber ich bin trotzdem einfach dankbar, am Leben teilnehmen zu dürfen. Und das zählt. Genießen Sie es, am Leben teilzunehmen.

78. Genieße es mit dir gnädig zu sein

„Des Lebens Karawane zieht mit Macht
Dahin, und jeder Tag, den du verbracht
Ohne Genuß, ist ewiger Verlust.
Schenk ein, Saki! Es schwindet schon die Nacht.“

Omar Khayyâm

In einem Gespräch mit einem Freund kamen wir auf seine Unzulänglichkeiten zu sprechen. Er erzählte, was ihm alles danebenginge und was in seinem Leben nicht gelänge und wie unzufrieden er damit sei.

Irgendwann unterbrach ich ihn einfach und stellt nur eine Frage: Würdest du das, was du von dir selbst hier erwartest und wovon du so enttäuscht bist, auch von anderen erwarten?

Er stutzte kurz und sagte dann: Das kann ich doch nicht von anderen erwarten!

Ich fragte darauf: Aber von dir erwartest du das selbstverständlich?

Warum sind wir oft ungnädig oder unbarmherzig mit uns selbst? Warum haben wir so hohe Erwartungen an uns selbst? Warum behandeln wir uns selbst nicht wie einen guten Freund.

Natürlich haben wir auch an gute Freunde Erwartungen aber die sind in der Regel gut zu erfüllen und wenn es nicht klappt sind wir gerne nachsichtig. Ich sagte also sinngemäß:

Behandle Dich selbst wie einen guten Freund. Sei freundlich zu Dir. Gönn Dir etwas Schönes, wie Du es mir, einem guten Freund, gönnen würdest. Sei gut zu Dir. Lass Dich sein, wie Du bist.

Wenn Du müde und kaputt bist, Deine Kraft schwindet, dann gönn Dir eine Pause. Höre auf Deinen Körper und auf das, was Deine Seele braucht. Hab Nachsicht mit dir.

Genieße es mit Dir gnädig zu sein!

79. Nachwort

Viele Menschen gehen mit dem aus der Evolutionstheorie entlehnten Gedanken durch den Tag, das Leben sei ein Kampf und man müsse sich um jeden Preis durchsetzen. Das schlimme daran ist solange ich daran glaube wird es auch zu meiner Realität und ich werde mein Leben tatsächlich so empfinden. Ich sage das Leben ist kein Kampf. Das Leben soll ein Genuss sein. Wir sollten unsere begrenzte Zeit hier genießen und nicht mit dem Kampf um die besten Plätze vergeuden. Jeder Tag ist ein Geschenk. Können Sie das so sehen?

Es gibt ein Leben vor dem Tod. Und das gilt es zu gestalten, hier und heute, jeden Tag, jede Stunde, Minute, Sekunde. Leben Sie im Augenblick! Genießen Sie den Moment! Denn nur den können Sie aktiv gestalten um das Beste aus Ihrer Vergangenheit und der ungeborenen Zukunft zu machen. In diesem Sinne „Genieße dein Leben“!

Ich hoffe, ich konnte mit diesem Buch ein wenig mithelfen Ihren persönlichen Lebensgenuss zu entdecken.

Ich danke meinem lieben Freund Thomas für das Lektorat des Buches und Ihnen lieber Leser, dass Sie es geschafft haben bis zum Ende durchzuhalten und diese Anregungen für sich wahrzunehmen.

Ihr Tobias Vogt

Printed in Poland
by Amazon Fulfillment
Poland Sp. z o.o., Wrocław

89882201R00168